오직 그리스도께서 사시는 것이라

오직 그리스도께서 사시는 것이라

이영훈 지음

초판 1쇄 발행 2017년 10월 25일
초판 2쇄 발행 2017년 11월 10일

편 집 인 김상길
기 획 국제신학교육연구원
발 행 처 서울말씀사

출판등록 제2016-000172호
주 소 서울시 영등포구 은행로 55, 나동 9층
전 화 02-846-9222
팩 스 02-846-9225

오직 그리스도께서 사시는 것이라

이영훈 지음

서울말씀사

머리말

갈라디아서는 사도 바울이 갈라디아 교회들에게 전한 서신으로 작은 로마서로 불리우는 책입니다. 갈라디아서에는 믿음을 통한 구원과 복음으로 인한 자유와 그에 따른 의무에 대한 내용이 담겨있습니다. 갈라디아 교회는 바울이 1차 선교 여행 때 많은 핍박을 받으면서 개척한 교회입니다(행 13-14장). 초창기에 이 교회는 바울이 전하는 복음을 기쁨으로 받아들였습니다(갈 4:14). 그러나 몇 년이 지나지 않아 갈라디아 교회 안에 심각한 문제가 일어났습니다. 갈라디아 교회를 방문한 거짓 교사들이 바울이 전한 복음, 즉 오직 믿음으로만 구원을 받을 수 있다는 '이신칭의'(以信稱義)의 복음을 비난하고 믿음을 가진 사람도 할례를 받고 율법을 행하지 않으면 구원을 받을 수 없다고 주장했던 것입니다. 이신칭의에 대한 분명한 이해가 없었던 갈라디아 교회의 성도들은 이 거짓된 가르침에 넘어가 믿음이 흔들리게 되었습니다.

오늘날 한국교회 안에도 비슷한 문제들이 일어나고 있습니다. 오직 믿음으로만 구원을 받는다고 말하면서도 실제로는 수많은 율법적 의무들을 부과하여 복음을 왜곡하고, 서로 편을 가르고 사람들을 정죄하고 있습니다. 그래서 교인으로서 지켜야 할 수많은 규범들 때문에 하나님 앞에 나아가지 못하고 구원에 대한 확신을 잃어버리는 사람들이 생겨나고 있습니다.

반대로 이신칭의에 대한 잘못된 믿음 때문에 일어나는 문제도 있습니다. '믿음만' 있으면 구원을 받을 수 있으니 자기 마음대로 허랑방탕하게 살아도 된다고 착각하는 사람들이 있습니다. 그런

사람들은 죄에 대해서 심각하게 생각하지 않고 자신의 삶을 즐기는 데에 열심을 냅니다.

이에 대해서 사도 바울은 갈라디아서를 통해 복음 안에서 자유를 누리면서도 복음으로 인한 책임을 다하는 그리스도인이 되는 길이 있다고 이야기합니다. 우리는 갈라디아서를 읽을 때 바울의 확신에 찬 목소리를 들을 수 있습니다. "형제들아 너희가 자유를 위하여 부르심을 입었으나 그러나 그 자유로 육체의 기회를 삼지 말고 오직 사랑으로 서로 종 노릇 하라"(갈 5:13)

갈라디아서 강해 설교집은 제가 여의도순복음교회의 수요예배에서 강해한 것을 모은 책입니다. 저는 갈라디아서를 강해하며 무엇이 진짜 복음인지, 복음대로 사는 것이 어떠한 것인지를 다시 한번 확인하는 귀한 시간을 가질 수 있었습니다. 그리고 그 은혜를 성도님들과 나눌 수 있었습니다. 이 책을 읽으시는 모든 분들이 함께 그 은혜를 누리시기를 바랍니다. 진정한 자유를 위한 하나님의 부르심에 응답하며, 그 부르심 안에서 서로 사랑의 종노릇을 하여 하나님이 기뻐하시는 성령의 열매를 풍성히 맺으시기를 기원합니다.

여의도순복음교회 담임목사

이영훈

서 론

1. 주제

1) 예수 그리스도의 십자가를 통해 얻게 된 참자유

2) 율법의 행위가 아니라 오직 믿음으로 의롭다 함을 받음

3) 믿음으로 받는 성령

4) 성령 안에서의 새로운 삶

2. 핵심성구

"또 하나님 앞에서 아무도 율법으로 말미암아 의롭게 되지 못할 것이 분명하니 이는 의인은 믿음으로 살리라 하였음이라"(갈 3:11)

"형제들아 너희가 자유를 위하여 부르심을 입었으나 그러나 그 자유로 육체의 기회를 삼지 말고 오직 사랑으로 서로 종 노릇 하라"(갈 5:13)

3. 저자

사도 바울

4. 기록 목적

1) 갈라디아 교인들에게 구원(칭의)은 오직 예수 그리스도를 믿음으로써만 가능하다는 복음의 진리를 재확인시켜주기 위해서 기록되었다.

2) 갈라디아 교회에 침투한 이단, 사이비 세력들을 뿌리 뽑고, 갈라디아 교인들에게 참된 복음을 다시금 들려주기 위해 기록되었다.

3) 새 시대 언약의 백성들은 성령을 통해 삶의 능력과 인도를 받으며, 육신의 열매가 아닌 성령의 열매를 맺으며 살아가야 함을 깨우쳐주기 위해서 기록되었다.

5. 기록될 당시의 상황

바울은 1차 선교여행 때 오늘날의 터키 중남부인 갈라디아 지역에 여러 교회들을 세웠다. 그런데 이곳을 방문한 거짓 교사들에 의해서 바울이 전한 이신칭의의 복음이 아닌 구약의 율법, 특히 할례를 받아야 구원이 완성된다는 그릇된 복음이 퍼지게 되었다. 거짓 교사들은 자신들의 주장을 강조하기 위해 바울이 사도적 권위가 없다고까지 주장했다.

6. 특징

1) 헬라 서간문적인 구조를 지니고 있음
2) 로마의 수사학적 방식들이 사용됨
3) 구원론적인 신앙 고백들이 실려있음
4) 바울의 개인적인 계시의 경험과 목회적 관심이 기록되어 있음

7. 개요

갈라디아서는 크게 세 부분으로 나눌 수 있다.

1) 1~2장 : 서론과 바울의 사도직에 대한 설명

2) 3~4장 : 바울의 복음에 대한 호소와 논증들

3) 5~6장 : 바울의 명령(할례, 사랑, 서로의 짐을 지는 것에 대해서)과 맺는 말

차례

PART 2 오직 믿음으로 말미암는 의

PART 3 성령 안에서 열매 맺는 삶

PART 1

그리스도의 계시로 사도 된 바울

갈라디아서 1장 1-5절

1 사람들에게서 난 것도 아니요 사람으로 말미암은 것도 아니요 오직 예수 그리스도와
그를 죽은 자 가운데서 살리신 하나님 아버지로 말미암아 사도 된 바울은
2 함께 있는 모든 형제와 더불어 갈라디아 여러 교회들에게
3 우리 하나님 아버지와 주 예수 그리스도로부터 은혜와 평강이 있기를 원하노라
4 그리스도께서 하나님 곧 우리 아버지의 뜻을 따라 이 악한 세대에서 우리를 건지시
려고 우리 죄를 대속하기 위하여 자기 몸을 주셨으니
5 영광이 그에게 세세토록 있을지어다 아멘

01

은혜와 평강

본문 말씀 : 갈라디아서 1장 1-5절

갈라디아서는 로마서와 함께 13권의 바울서신 중에서 '믿음으로 말미암아 의롭다 함을 얻는 기독교 구원'에 대해 가장 잘 설명하고 있는 서신입니다. '율법의 행위'로써가 아니라 '오직 믿음'으로 하나님께 의롭다 함을 얻는다는 진리가 갈라디아서 전체에 나타나있습니다.

그렇기 때문에 갈라디아서는 1517년 10월 31일에 종교개혁을 일으킨 마르틴 루터가 가장 사랑했던 성경이었습니다. 그는 갈라디아서를 자신의 아내와 같이 여겼고, 그에게 갈라디아서는 로마 가톨릭의 교리를 반박하며 종교개혁을 수행할 수 있게 해준 원동력이었습니다.

이처럼 갈라디아서는 모든 종류의 속박에서 우리를 자유하게 하신 예수 그리스도의 십자가의 승리를 밝히 보여줍니다.

"그리스도께서 우리를 자유롭게 하려고 자유를 주셨으니 그러므로 굳건하게 서서 다시는 종의 멍에를 메지 말라" 갈 5:1

갈라디아서는 죄로 인해 죽을 수밖에 없었던 우리가 하나님 앞에서 의롭게 되고, 죄로부터 구원받는 길은 오직 믿음뿐임을 명백히 제시합니다. 또한 그리스도인이 자칫 빠지기 쉬운 '자기 의'와 '율법주의적 신앙의 모습'에 대해서도 경고하고 있습니다. 우리는 성령을 의지할 때 비로소 하나님 앞에서 의로운 삶을 살아갈 수 있습니다.

1. 인사

13권의 바울서신은 항상 바울의 인사말로 시작됩니다. 갈라디아서의 저자인 바울은 자신을 하나님 아버지로 말미암은 사도로 소개합니다.

1 사람들에게서 난 것도 아니요 사람으로 말미암은 것도
아니요 오직 예수 그리스도와 그를 죽은 자 가운데서 살
리신 하나님 아버지로 말미암아 사도 된 바울은 갈 1:1

사도(아포스톨로스)란, 문자적으로 '보냄을 받은 자'라는 뜻이며 신학적으로 '그리스도의 복음을 전파하도록 하나님께 권한을 위임받은 자'라는 의미입니다. 최초의 열두 사도는 예수님이 직접 선출하셨습니다(마 10:2-4; 막 3:16-19).

그리고 예수님께서 승천하신 후, 예수님을 배반한 가룟 유다를 대신해, 사도들이 120명 성도들과 함께 맛디아를 새로운 사도로 선출했습니다. 맛디아 선출 당시, 사도의 자격은 다음과 같이 제시되었습니다.

"이러하므로 요한의 침례로부터 우리 가운데서 올려져 가신 날까지 주 예수께서 우리 가운데 출입하실 때에 항상 우리와 함께 다니던 사람 중에 하나를 세워 우리와 더불어 예수께서 부활하심을 증언할 사람이 되게 하여야 하리라 하거늘" 행 1:21-22

사도의 자격 : ① 예수님의 공생애 사역에 동참한 자 ② 예수님의 부활의 증인.

그런데 바울은 특별한 방법으로 사도가 되었습니다. 그는 예수님의 공생애 사역에 동참하지 않았고 예수님의 부활을 목격하지도 않았습니다. 오히려 바울은 그리스도인들을 핍박하던 사람이었는데 다메섹 도상에서 부활하신 예수님을 만나 복음을 깨닫고 이방인의 사도로서 소명을 받은 것입니다.

"주께서 이르시되 가라 이 사람은 내 이름을 이방인과 임금들과 이스라엘 자손들에게 전하기 위하여 택한 나의 그릇이라" 행 9:15

이처럼 바울이 예수 그리스도의 사도가 된 것은 사람들에게 배우거나 임명받아서 된 것이 아니고, 하나님과 예수 그리스도께서 직접 택하셔서 된 것입니다.

바울이 자신의 사도성에 대해 갈라디아서에서 강조하고 있는 것은 갈라디아 교회에 침투해 잘못된 가르침을 전하는 '유대주의적 교사'들이 바울의 사도성에 대해 공격했기 때문입니다.

오스왈드 챔버스 목사님은 『하나님께 인정받는 사역자』라는 책에서 다음과 같이 말했습니다.

"하나님을 위한 사역자는 스스로 선택해서 되는 것이 아니라, 하나님께서 그를 선택하셔야 한다. 하나님의 사역자들에게는 분명한 특징이 있다. 바로 주께서 주신 사명이 있다는 점이다! 바울의 모든 삶은 오직 한 가지를 위해 하나님께 사로잡혔다. 그것은 바로 복음을 선포하는 것이었다. 모든 하나님의 종들은 평범한 사람들이지만, 하나님께서 그들에게 맡기신 특별한 사명 때문에 특별한 존재가 된다. 하나님께서는 그분의 아들 예수 그리스도를 심기 원하시는 곳에 주의 사역자들을 심으신다!"

바울은 인사말을 시작하면서 자신의 사도성에 대해 밝히고, 다음으로 수신자가 누구인지 밝혔습니다.

2 함께 있는 모든 형제와 더불어 갈라디아 여러 교회들에게
3 우리 하나님 아버지와 주 예수 그리스도로부터 은혜와 평
강이 있기를 원하노라 갈 1:2-3

갈라디아서의 수신자는 갈라디아의 여러 교회입니다. 바울은 제1차 선교여행 시에 터키 중남부(비시디아, 루가오니아 속주) 지역에 많은 교회들을 세웠습니다. 바울은 먼저 갈라디아의 교회들에게

은혜(카리스)와 평강(샬롬)이 있기를 기원했습니다. 은혜는 헬라식 인사말이고 평강은 히브리식의 인사말입니다. 이 두 단어 자체만으로는 일상적인 인사입니다.

그러나 그리스도인에게 은혜와 평강은 하나님 아버지와 주 예수 그리스도로부터 임하는 것이기 때문에 특별한 것입니다. 이 은혜와 평강은 세상이 빼앗을 수 없는, 참된 은혜와 평강입니다.

은혜와 평강의 관계는 원인과 결과입니다. 주님의 은혜가 우리에게 주어졌기에 그 결과로 평강을 누릴 수 있게 된 것입니다. 주님의 은혜가 없이는 평강도 없습니다. 은혜와 평강은 바울의 구원의 복음의 요약과도 같습니다.

존 스토트 목사님은 다음과 같이 말했습니다.

> "은혜와 평강은 바울의 구원의 복음을 요약한다. 즉, 구원은 하나님과의 평화, 인간과의 평화, 자신과의 내적 평화로서 화해, 즉 평화의 성격을 지닌다. 또한 구원의 근원은 은혜요, 하나님의 자의적인 호의로서, 인간의 어떤 공적이나 행위에 상관없이, 받을만한 가치가 없는 자에 대한 그분의 사랑스러운 친절이다."

2. 신앙고백과 송영

4 그리스도께서 하나님 곧 우리 아버지의 뜻을 따라 이 악
한 세대에서 우리를 건지시려고 우리 죄를 대속하기 위하
여 자기 몸을 주셨으니 5 영광이 그에게 세세토록 있을지
어다 아멘 갈 1:4-5

갈라디아 교인들이 따르는 잘못된 가르침처럼 구원은 인간의 어떤 노력이나 행위로써 된 것이 아닙니다. 따라서 우리는 오직 주님께 모든 영광을 올려드려야 합니다.

예수님은 십자가에서 우리 죄를 대신해 죽으셨습니다. 그래서 기독교 신앙의 출발점은 바로 예수 그리스도의 십자가입니다. 바로 그곳에 하나님의 사랑, 은혜, 용서, 희생이 나타나있습니다.

칼레의 시민 이야기는 유럽 역사의 유명한 일화 중 하나입니다. 칼레는 영국과 가장 가까운 프랑스 항구 도시로 현재는 북아프리카, 중동, 아프가니스탄 등에서 온 난민 4천여 명이 머물고 있는 난민촌으로 유명한 곳입니다.

프랑스와 영국이 싸운 백년전쟁(1337-1453) 당시, 영국군이 칼레를 포위했을 때 일입니다. 칼레 시민들은 1년 가까이 영국군에 저항했지만, 1347년, 결국 항복하고 말았습니다.

이때 영국 국왕 에드워드 3세는 칼레 시민들의 저항으로 큰 피해를 입었다고 생각하고 시민 전원을 몰살하려고 했습니다. 다행히 측근이 관용을 베풀 것을 권면해서 왕은 시민의 생명을 보장하는 대신 한 가지 조건을 내걸었습니다.

모든 사람이 죽는 대신 시민 대표 6명이 책임을 지고 교수형을 당해야 한다는 것입니다. 전원 학살은 피했지만 누가 대표로 나서서 죽을 것인가를 고민할 때 한 사람이 일어났습니다. "내가 그 여섯 사람 중 한 사람이 되겠소!"

그는 그 도시에서 가장 부유한 사람 중 한 명인 외스타슈 드 생 피에르였습니다. 뒤이어 공직자, 상인, 법률가 등 칼레 시의 각 분야를 대표하는 부유한 귀족들 5명이 교수형을 자처해 일어났습니다. 그리고 이들 6명은 다음 날 아침 일찍 목에 밧줄을 걸고 맨발로 교수대로 향했습니다.

그런데 이때 기적이 일어났습니다! 임신 중이던 영국 왕비 필리파 에노가 그들에게 자비를 베풀어달라고 왕에게 간청한 것입니다. 그리하여 6명은 도시를 살리고 자신들도 살게 되었습니다.

이 이야기는 프랑스의 거의 모든 역사책에 실렸습니다. 특히

약 500년 후, 칼레 시가 이들의 희생정신을 기리기 위해 조각가 로댕에게 의뢰하여 칼레의 시민이라는 조각상이 만들어지면서 전 세계에 알려졌습니다.

이는 오늘날 상류층이 지니는 도덕적 의무를 가리키는 노블레스 오블리주의 전형적인 예로 꼽힙니다.

예수님의 십자가 대속은 역사상 가장 고귀한 영적 노블레스 오블리주입니다. 그러므로 우리는 오직 예수님의 십자가를 붙잡고, 오직 예수님의 십자가만을 자랑하는 성도들이 되어야 합니다.

그리스도인으로서 가장 기초적이고 근본적인 감사의 제목이 바로 구원의 은혜입니다. 우리를 구원하시기 위해 십자가에서 죽으시고 부활하신 주님께만 모든 감사, 찬송, 영광을 올려드려야 합니다.

에드거 앤드류스 교수는 갈라디아서 1장 1-5절에 나타난 참된 복음의 특징을 다음과 같이 요약합니다.

> "구원의 원인인 하나님의 은혜!
> 구원의 결과인 하나님과의 평강!
> 구원의 중심인 그리스도!
> 구원의 수단인 그리스도의 죽음과 부활!

구원의 특징인 구속!

구원의 원천인 하나님의 의지!

구원의 목적인 하나님의 영광!"

사랑하는 여러분, 그리스도인은 하나님의 은혜로 살아가는 사람입니다. 하나님의 은혜로 우리는 죽음에서 건져져 새로운 생명을 얻었습니다. 우리의 공로는 아무것도 없습니다. 우리는 구원뿐만이 아니라 삶의 모든 영역을 하나님께 맡겨야 합니다. 우리 인생의 모든 문제와 어려움을 우리의 힘으로 해결하려고 애쓰지 말고 하나님의 은혜의 자리에 던져버리십시오. 날마다 풍성한 은혜를 공급해주시는 하나님을 의지할 때 참된 평강과 자유를 누릴 수 있습니다.

오직 그리스도께서
사시는 것이라

갈라디아서 1장 6-10절

6 그리스도의 은혜로 너희를 부르신 이를 이같이 속히 떠나 다른 복음을 따르는 것을
내가 이상하게 여기노라
7 다른 복음은 없나니 다만 어떤 사람들이 너희를 교란하여 그리스도의 복음을 변하
게 하려 함이라
8 그러나 우리나 혹은 하늘로부터 온 천사라도 우리가 너희에게 전한 복음 외에 다른
복음을 전하면 저주를 받을지어다
9 우리가 전에 말하였거니와 내가 지금 다시 말하노니 만일 누구든지 너희가 받은 것
외에 다른 복음을 전하면 저주를 받을지어다
10 이제 내가 사람들에게 좋게 하랴 하나님께 좋게 하랴 사람들에게 기쁨을 구하랴 내
가 지금까지 사람들의 기쁨을 구하였다면 그리스도의 종이 아니니라

02

다른 복음은 없다

본문 말씀 : 갈라디아서 1장 6-10절

바울은 갈라디아 교회들에게 인사말을 전한 후, 자신이 편지를 쓴 이유를 밝힙니다. 그것은 갈라디아 지역에 잘못된 복음을 주장하는 이들이 나타났기 때문입니다. 복음은 오직 하나뿐입니다.

오늘날에도 복음을 변질시키고 거짓된 가르침으로 성도들을 현혹시키는 무리들이 많이 있습니다. 우리는 그들을 이단이라고 부릅니다. 이단(異端)은 끝이 다른 것입니다. 비슷하게 보이지만 결국 그들의 끝은 구원이 아닌 멸망이 기다리고 있습니다. 그러므로 우리는 거짓된 가르침으로 성도들을 혼란에 빠뜨리는 일에 신속히 대처해야 합니다.

1. 다른 복음은 없다

6 그리스도의 은혜로 너희를 부르신 이를 이같이 속히 떠
나 다른 복음을 따르는 것을 내가 이상하게 여기노라 갈 1:6

바울의 서신서에는 보통 인사말 다음 하나님께 대한 감사가 언급됩니다. 그러나 갈라디아서에는 특이하게 감사가 생략되어있고 곧바로 갈라디아 교회들을 책망하는 내용이 나옵니다. 그만큼 갈라디아 교회에서 벌어지고 있는 문제는 심각했다는 것입니다.

바울이 빌립보 교회에 편지를 할 때에는 복음 사역에 헌신적으로 동참하고 있는 모습을 생각하며 하나님께 감사가 나왔고 그들을 위해 기도할 때마다 늘 기쁨이 넘쳤습니다.

그런데 왜 갈라디아 교회를 향해서는 편지 서두부터 그들을 책망할 수밖에 없었을까요? 갈라디아 교회가 다른 복음을 따르고 있었기 때문입니다. 바울이 말한 "다른 복음"이란 진리에서 벗어난 '가짜 복음'이었습니다.

다른 복음의 구체적인 내용은 바울이 전한 복음인 '오직 믿음(sola fide)으로만 구원 받는다'는 것이 틀렸다는 것이었습니다.

다른 복음을 전하는 자들은 바울이 전한 복음이 값싼 복음, 싸

구려 은총이라고 비하했습니다. 그리고 진정한 구원을 받기 위해서는 뭔가 다른 것을 더해야 하는데, 그것이 바로 '율법을 지켜야 한다'는 것이었습니다. 그래서 그들은 '할례'를 행할 것을 강조했습니다.

이러한 잘못된 주장은 갈라디아 교회 내에서 발생한 것이 아니라, 바울이 갈라디아를 떠난 후 들어온 거짓 교사들이 가지고 온 것이었습니다. 그들은 믿음만으로는 부족하다고 하면서, 거기에 할례를 받고 구약 율법을 지켜 유대인들처럼 될 때 비로소 하나님께 의롭다 함을 받고 온전한 구원을 얻을 수 있다고 주장했습니다.

문제는 갈라디아 교회가 이러한 잘못된 주장에 너무도 빨리 그리고 쉽게 빠져버렸다는 것입니다. 믿음의 뿌리가 약하다 보니 바울이 떠난 후 거짓 교사들이 와서 하는 이야기를 무분별하게 받아들인 것입니다.

주님은 사람의 미혹을 받지 않도록 조심하라고 경고하셨습니다.

"예수께서 이르시되 너희가 사람의 미혹을 받지 않도록 주의하라" 막 13:5

왜냐하면 그들은 겉으로는 성도들을 위하는 것처럼 보이지만, 결국 성도의 구원과 믿음을 빼앗아가는 이리와 같은 자들이기 때문입니다.

"거짓 선지자들을 삼가라 양의 옷을 입고 너희에게 나아오나 속에는 노략질하는 이리라" 마 7:15

이단들이 자신의 세를 불리는 데 가장 많이 사용하는 방법은 바로 거짓말입니다. 어떤 이단은 '가나안 정복 7단계'라는 전략을 사용하는데 그것은 이단 신자를 일반 성도로 가장하고 교회에 침투해서 교회를 무너뜨리는 것입니다.

<○○○ 이단의 가나안 정복 7단계>

단계		목적
1단계	이리 옷 입기	교회로 침투하기 위해 일반 성도로 가장한다.
2단계	정탐하기	교회의 기본적인 정보를 미리 파악한다.
3단계	성 돌기	실제적인 활동을 하면서 내부 사정을 들여다본다.
4단계	알곡 선정	성도들의 알곡(미혹의 대상) 여부를 알아본다.
5단계	목자 되기	리더가 되어 주도적으로 성도들을 만나고 이끌어간다.
6단계	정복하기	교회에 이단 신자들을 투입하여 성도들을 포위한다.
7단계	추수하기	교회에서 알곡들을 추수하여 빼내어 온다.

또한 바울은, "선한 데 지혜롭고 악한 데 미련하기를 원하노

라"(롬 16:19b)라고 말하고 "범사에 헤아려 좋은 것을 취하고 악은 어떤 모양이라도 버리라"(살전 5:21-22)라고 권면했습니다.

그러나 인간의 문제는 하나님을 떠나 잘못된 것을 좇는 데 빠르고 선한 것과 악한 것을 분별할 줄 아는 분별력이 부족하다는 데에 있습니다.

그래서 우리가 잘못된 가르침에 미혹되지 않기 위해 필요한 것이 바로 성령충만과 지혜입니다.

바울이 갈라디아 교회가 다른 복음, 곧 유대주의적 교사들의 잘못된 가르침에 미혹된 것에 대해 굉장히 놀라고 심각하게 책망할 수밖에 없었던 이유는 그들이 기독교 신앙의 본질적인 두 가지 요소에서 떠났기 때문입니다.

첫째, 그들은 그리스도의 은혜를 떠났습니다. 그들은 그리스도의 은혜 안에 머물기보다, 유대주의적 교사들의 잘못된 주장을 따라 종교적 노력과 공로를 통해 하나님께 인정받고 구원의 확신을 얻기 원했습니다.

하나님이 우리에게 허락하신 구원은 오직 구주 예수님을 믿음으로 말미암아 은혜로 받은 것이며 사람의 어떠한 행위나 노력이 우리의 구원을 결코 보장해줄 수 없습니다.

둘째, 그리스도의 은혜를 떠남으로써, 곧 주님을 떠났습니다. 성도가 자기 의, 자기 노력, 자기 행위를 의지해 구원의 확신 가운데 거하려고 하는 순간, 포도나무이신 주님에게서 가지 된 우리가 떨어져 나가는 것입니다. 그러면 우리는 아무것도 할 수 없고 아무것도 아닌 자가 되고 맙니다.

"나는 포도나무요 너희는 가지라 그가 내 안에, 내가 그 안에 거하면 사람이 열매를 많이 맺나니 나를 떠나서는 너희가 아무 것도 할 수 없음이라" 요 15:5

특히 본문에 '떠나'라고 번역된 헬라어 원어는 '군인이 부대에서 탈영하다'라는 의미를 담고 있습니다. 탈영한 군인은 부대의 보호를 받을 수 없고, 군법에 회부되어 재판을 받아야 합니다.

"사람이 내 안에 거하지 아니하면 가지처럼 밖에 버려져 마르나니 사람들이 그것을 모아다가 불에 던져 사르느니라" 요 15:6

주님 안에 거하지 않는 자가 맞이하는 결말이 무엇입니까? 바로 메마름과 불의 심판입니다.

심령이 메마르게 되는 것은 주님 안에, 주님의 은혜 안에 살지 않고, 내 행위와 내 노력을 의지해 살려고 하기 때문입니다. '내가', '내 힘으로' 신앙생활을 하려고 하기 때문입니다.

또한 주님을 떠나 거짓된 가르침에 미혹된 자는 말세에 심판을 피할 수 없습니다. 그러므로 구원은 믿는 자에게 주시는 하나님의 선물, 은혜임을 결코 잊지 말고, 오직 은혜 안에 살고 주님만 의지하시기 바랍니다.

"너희는 그 은혜에 의하여 믿음으로 말미암아 구원을 받았으니 이것은 너희에게서 난 것이 아니요 하나님의 선물이라" 엡 2:8

이 진리를 바로 아는 것은 구원과 직결되는 문제이기 때문에, 바울은 다시 한번 혹독한 경고의 말을 했습니다.

> 7 다른 복음은 없나니 다만 어떤 사람들이 너희를 교란하여
> 그리스도의 복음을 변하게 하려 함이라 갈 1:7

갈라디아 교회가 복음에 대해 흔들리고 있을 때, 바울은 단호한 입장을 취했습니다. 주님을 닮아 그렇게 온유했던 사도가 권위적이고 단호한 태도를 보인 것입니다. 적당히 그들의 체면을 세워주면서 조심스럽게 하고 싶은 말을 하는 것이 아니라 단도직입적으로 말했습니다. "다른 복음은 없다!"

이것은 광야에서 예수님을 시험하는 마귀에게 예수님께서 단

호한 태도를 취하신 것을 상기시킵니다: "사탄아 물러가라!"(마 4:10).

바로 이러한 태도가 복음을 변질시키는 이단과 사이비에 대해 우리가 취해야 할 태도입니다. 구원의 진리에 대해 지극히 작은 부분을 타협한다는 것은 전부를 타협하는 것과 같습니다.

바울은 갈라디아 교인들이 '다른 복음'을 따르고 있다고 말했지만, 다른 복음이라는 것 자체가 존재하지 않는다고 말했습니다.

바울이 다른 복음이라고 말한 것의 실체는 유대주의적(신자들에게 구약 율법을 강요하는 자들) 교사들이 그리스도의 복음을 변질시켜놓은 것이며, 그리스도의 복음에 반대되는 것이었습니다.

구원은 예수님이 우리 죄를 대신해 십자가 고난당하시는 것을 믿고, 예수님을 구주로 모셔들인 사람에게 임합니다. 따라서 예수님의 자리를 대신할 수 있는 사람은 없으며, 인간의 어떠한 노력이나 행위도 예수님의 십자가 대속의 은혜를 결코 대신할 수 없습니다.

우리 신앙의 터전은 오직 그리스도 예수 한 분밖에 없습니다. 그 터전 위에 세워진 건물의 모양은 다양할 수 있으나, 터전은 유일합니다.

작게는 각 사람의 신앙의 모습이 조금씩 다를 수 있고, 크게는 교단마다 신학적 강조점이 조금씩 다를 수도 있습니다. 또 시대의 흐름에 따라 복음을 전파하는 방식, 곧 복음을 담는 그릇은 다양성을 가질 수 있습니다.

그러나 복음의 내용, 가장 중요한 구원론에 있어서는 타협의 여지가 없습니다. 그리스도 예수만이 구원자가 되시고, 인간은 오직 그리스도 예수를 믿는 그 믿음으로 말미암아 하나님께 의롭다 함을 받을 수 있습니다.

"그러므로 율법의 행위로 그의 앞에 의롭다 하심을 얻을 육체가 없나니" 롬 3:20a

만약 그리스도 예수 외에 다른 구원의 길이 있다거나(종교 다원주의), 믿음이 아닌 사람의 행위나 노력으로 하나님께 의롭다 함을 받을 수 있다고 말한다면(공력 종교), 그것은 기독교의 구원의 진리가 아닌 이단과 사설에 불과합니다. 그렇기 때문에 사도 바울은 이렇게 주장하는 자들에게 준엄하게 저주를 선포했습니다.

8 그러나 우리나 혹은 하늘로부터 온 천사라도 우리가 너희
에게 전한 복음 외에 다른 복음을 전하면 저주를 받을지어
다 9 우리가 전에 말하였거니와 내가 지금 다시 말하노니
만일 누구든지 너희가 받은 것 외에 다른 복음을 전하면 저

주를 받을지어다 갈 1:8-9

여기서 바울 사도가 사용한 저주라는 말이 얼마나 심각하고 무서운 경고인지를 알아야 합니다. 이것은 바울 서신에서 가장 혹독한 표현입니다. 사도 바울이 다른 서신서에서 이 '저주'라는 말을 사용한 대표적인 예가 바로 로마서 9장 3절입니다.

"나의 형제 곧 골육의 친척을 위하여 내 자신이 저주를 받아 그리스도에게서 끊어질지라도 원하는 바로라" 롬 9:3

따라서 오늘날 창궐하고 있는 이단들과 그들의 잘못된 가르침을 쉽게 넘겨서도, 귀를 기울여서도 안 됩니다.

"누구든지 이 교훈을 가지지 않고 너희에게 나아가거든 그를 집에 들이지도 말고 인사도 하지 말라 그에게 인사하는 자는 그 악한 일에 참여하는 자임이라" 요이 1:10-11

그들은 하나님의 말씀을 자신들 입맛에 맞게 변질시켜서 성도들을 혼란에 빠뜨림으로써 삶, 가정, 직장, 교회를 훼파시키고 있고, 지금도 그런 일을 쉬지 않습니다. 그런데 그들의 미혹에 빠져들면, 신앙과 삶이 파괴되는 것뿐만 아니라 생명책에서 이름이 지워지는 것입니다. 그러므로 영적 분별력, 경각심을 갖고 미혹에 빠지지 않도록 조심할 뿐만 아니라, 성령충만, 말씀 충만으로 무장한 교회와 성도가 하나 되어 미혹에 빠진 사람들을 반드시 건져내야 합니다. 이는 마지막 때에 주어진 영혼 구령을 위한 또 다른 사명입니다.

"내 형제들아 너희 중에 미혹되어 진리를 떠난 자를 누가 돌아서게 하면 너희가 알 것은 죄인을 미혹된 길에서 돌아서게 하는 자가 그의 영혼을 사망에서 구원할 것이며 허다한 죄를 덮을 것임이라" 약 5:19-20

사도 바울은 이어서 복음 전하는 자의 바른 자세에 대해 설명합니다. 왜냐하면 복음 전하는 자가 어떠한 자세로 복음을 전하느냐에 따라 복음의 내용이 바르게 전달될 수도 있고, 변질될 수도 있기 때문입니다.

박성분 권사님은 이단에 미혹된 남편 강준홍 안수집사의 회심을 위해 눈물로 기도하며 치른 5년 간의 영적 전쟁의 일기를 『이단에서 회복된 영혼』이라는 책으로 출판했습니다.

권사님은 30여 년 동안 신앙생활하면서 교회 일에 헌신 봉사

해온 전형적인 성도였습니다. 그런데 언제부터인가, 믿음이 깊지 않았던 남편이 성경이나 구원 등에 관심을 보이기 시작했습니다. 그리고 1년 뒤 남편의 옷 주머니에서 낯선 성경공부 쪽지를 발견했습니다. 알고 보니 오랫동안 이단에 빠져, 몰래 성경공부를 하러 다니고 있었던 것입니다.

이후 남편은 거짓말을 반복하는 등 시간이 지날수록 이상한 행동을 많이 했습니다. 출석 교회의 담임목사님에 대해 부정적인 말을 하기 시작했고, 목회자인 시동생에 대해서도 부정적으로 말을 하며 신뢰하지 않았습니다.

게다가 이단에서 진행하는 성경공부를 수료하고 나서는, 자신이 이단에 소속되어있음을 밝히면서 이단 교회로 완전히 옮겼고 가족들까지 그곳으로 데려가려고 했습니다. 아무리 설득해도 가족들의 말을 듣지 않았습니다.

권사님은 당시 상황을 일기에 이렇게 썼습니다.

> "12월 24일. 남편은 이야기를 해도 눈을 마주치지 않고 이야기한다. 악령이 이런 것이구나…. 이기적이고, 옆 사람에 대한 배려가 전혀 없다. 다시 한번 쓸데없는 소모전이 시작됐다. 벽을 보고 이야기하는 답답한 심정이 들었다. … 아이들이 귀가한 후 잠이 들었는데, 갑자기 남편이 성경을 읽

어줄 테니 들으라며 내 귀에 대고 이사야 46장을 읽기 시작했다. 나는 잠을 자야겠으니 듣기 싫다고 하자, 나에게 '바벨론 교회 거짓 목자의 마귀에 씌웠다.'고 하면서 험악한 얼굴로 성경을 더 큰 소리로 읽었다. 이사야 46:10에 나오는 '모략'이라는 단어를 설명하면서, 자기들이 거짓말하는 것을 정당화시키는 이야기를 했다. 험악한 얼굴로 결국에는 자기가 읽고 싶은 만큼 성경을 계속 읽어갔다."

남편은 계속적으로 이단 교회로 올 것을 강요했으며, 심지어 오지 않을 경우 이혼하자고 요구했습니다. 단란했던 가정이 이단에 빠진 남편으로 인해 산산조각이 날 지경이었습니다.

그러나 권사님은 포기하지 않고 남편을 위해 기도했습니다. 그러자 남편은 이단상담소를 찾아가 상담을 받았고, 이단의 잘못된 점과 올바른 기독교 구원관을 배울 수 있었습니다. 오랜 시간 동안 기도하고 상담한 결과 남편은 권사님에게 "긴 터널을 빠져나온 것 같다. 그리고 고맙다."라고 고백하며 돌아왔습니다.

현재 남편은 교회에서 열심히 신앙생활 및 봉사를 하고 있는데, 이렇게 고백했습니다.

"지난 과오를 책으로 공개하는 것이 부끄럽지만, 다시는 나와 같은 전철을 밟는 사람이 없기를, 이단으로 인해 고통당하는 가정이 없길 바라는 마음으로 책을 내게 됐습니다."

끈질긴 기도로 남편을 이단으로부터 건져낸 권사님 역시 이렇게 말했습니다.

"남편이 신앙생활을 오래 했지만 열심을 내지 않았기에 이단에 빠졌을 거라고는 생각지 못했는데, 이단의 미혹에는 예외가 없습니다. 교회들이 이단에 대처하고 잃어버린 한 영혼, 이단에 빠진 이들을 구출해내는 데 관심을 가져주길 바랍니다. 이단에 빠지는 일은 누구도 장담할 수 없고, 우리 주변에서 지금도 일어나고 있습니다. 그리고 그럴듯하고 달콤하게 다가오는 교리에 미혹되어 이단에 빠지면 돌이킬 수 없다고 이야기합니다. 물론 그것은 어느 정도 사실일 수 있습니다. 그러나 가족과 교회가 모여 기도할 때 이단에서 돌이키는 것은 가능합니다!"

2. 그리스도의 종의 자세

10 이제 내가 사람들에게 좋게 하랴 하나님께 좋게 하랴 사
람들에게 기쁨을 구하랴 내가 지금까지 사람들의 기쁨을

구하였다면 그리스도의 종이 아니니라 갈 1:10

종이 들어야 할 것은 오직 주인의 음성입니다. 종이 얻기 위해 힘써야 할 것도 오직 주인의 기쁨입니다. 그리고 종이 전해야 할 것도 오직 주인의 말씀입니다.

그리스도의 종으로서 복음 전파의 사명을 받았다면, 그리스도께서 주신 복음을 복음 그대로 전해야 합니다. 사람들 귀에 듣기 좋게, 사람들의 인정과 칭찬을 받기 위해 복음을 변질시킨다면, 그는 그리스도의 종이 아니라 사람의 종이 될 뿐입니다.

성남시에 잘 알려진 교회를 담임하던 어느 목사님이 원로목사로 추대되는 예배 자리에서 '다섯 가지 참회와 감사, 두 가지 기대'라는 제목으로 지난 목회 사역에 대한 소회를 밝히는 가운데, 다음과 같은 참회의 말을 남겼습니다.

> "올곧게 살아가지 못한 성도들, 교회 내 부유한 기득권층에 대하여 그들이 상처받을 것을 두려워해 회개를 촉구하고 예언자적인 설교를 제대로 하지 못한 일을 참회합니다."

우리는 하나님만 섬기고 그리스도의 종으로서 순종하며 주님만 기쁘시게 하는 삶을 살고자 애쓰지만 한편으로는 눈에 보이는 사람을 의식할 때도 많이 있습니다. 그러나 구원과 직결되는 그리스도의 복음을 전함에 있어서 타협은 있을 수 없고, 복음의 변질은 하나님의 심판을 피할 수 없습니다.

사람에게 아첨하기 위해 복음을 변질시키고, 자신이 영광을 받고자 하는 탐심으로 복음을 이용하는 것을 하나님이 모르실 거라고 생각해서는 안 됩니다.

오직 주님의 영광만을 위해 헌신하는 복음 증거자들이 되십시오. 주님의 영광만을 구하는 종이 될 때 우리 입술의 열매가 주님과 주님의 몸 된 교회, 성도들의 신앙에 유익을 끼칠 것입니다. 그러므로 우리 그리스도인들은 적극적으로 주님을 기쁘시게 할 것이 무엇일지 계속해서 연구해나가야 합니다.

"주를 기쁘시게 할 것이 무엇인가 시험하여 보라" 엡 5:10

우리가 무슨 말을 하든지 하나님의 심판대 앞에서 판단을 받게 될 것임을 잊지 마십시오.

저명한 복음주의 신학자 R. C. 스프로울 목사님은 『하나님이 기뻐하시는 삶』에서 이렇게 말했습니다.

"이 세상을 얻을 것인가, 영혼을 얻을 것인가? 세상을 기쁘게 할 것인가, 하나님을 기쁘시게 할 것인가? 이것이 모든 세대의 쟁점이다. 세상은 영혼에 아무런 가치를 매기지 않는다. 눈에 보이는 육체 하나가 보이지 않는 영혼 둘보다 가치 있다. 따라서 그리스도인이 이 세상의 유혹을 거절하려면 시대의 물결을 거스를 각오를 해야 한다. 하나님을 기쁘시게 하기 위해 사람들을 기쁘게 하지 못할 수도 있다는 각오를 해야 한다. 때로 우리는 우리가 기쁘게 해야 할 대상을 선택해야 한다. 그것이 그리스도인이 매일 살면서 벌여야 하는 투쟁이다!"

사랑하는 여러분, 첫째도 주님의 영광, 둘째도 주님의 영광, 마지막도 주님의 영광만을 위해 살아가십시오. 다른 복음, 다른 영광은 모두 아침 안개와 같이 사라지는 무의미한 것입니다. 진짜 복음, 유일한 복음을 붙드는 사람만이 구원을 얻고 하나님께 영광을 돌리는 삶을 살 수 있습니다. 정말 가치 있는 것을 붙잡으십시오.

"그런즉 너희가 먹든지 마시든지 무엇을 하든지 다 하나님의 영광을 위하여 하라" 고전 10:31

갈라디아서 1장 11-24절

11 형제들아 내가 너희에게 알게 하노니 내가 전한 복음은 사람의 뜻을 따라 된 것
이 아니니라
12 이는 내가 사람에게서 받은 것도 아니요 배운 것도 아니요 오직 예수 그리스도의
계시로 말미암은 것이라
13 내가 이전에 유대교에 있을 때에 행한 일을 너희가 들었거니와 하나님의 교회를 심
히 박해하여 멸하고
14 내가 내 동족 중 여러 연갑자보다 유대교를 지나치게 믿어 내 조상의 전통에 대하
여 더욱 열심이 있었으나
15 그러나 내 어머니의 태로부터 나를 택정하시고 그의 은혜로 나를 부르신 이가
16 그의 아들을 이방에 전하기 위하여 그를 내 속에 나타내시기를 기뻐하셨을 때에 내
가 곧 혈육과 의논하지 아니하고
17 또 나보다 먼저 사도 된 자들을 만나려고 예루살렘으로 가지 아니하고 아라비아로
갔다가 다시 다메섹으로 돌아갔노라
18 그 후 삼 년 만에 내가 게바를 방문하려고 예루살렘에 올라가서 그와 함께 십오 일
을 머무는 동안
19 주의 형제 야고보 외에 다른 사도들을 보지 못하였노라
20 보라 내가 너희에게 쓰는 것은 하나님 앞에서 거짓말이 아니로다
21 그 후에 내가 수리아와 길리기아 지방에 이르렀으나
22 그리스도 안에 있는 유대의 교회들이 나를 얼굴로는 알지 못하고
23 다만 우리를 박해하던 자가 전에 멸하려던 그 믿음을 지금 전한다 함을 듣고
24 나로 말미암아 하나님께 영광을 돌리니라

03

모든 것이 주님께로부터

본문 말씀 : 갈라디아서 1장 11-24절

바울은 인사말을 마치고 본인이 전하는 복음의 본질을 설명하기 위해 자신이 하나님께 받은 은혜를 전했습니다. 바울은 자신이 사도가 된 것과 자신이 전하는 복음이 모두 예수 그리스도의 계시로 말미암았다는 것을 분명히 설명해줘야 했습니다.

1. 바울의 복음의 기원

11 형제들아 내가 너희에게 알게 하노니 내가 전한 복음은
사람의 뜻을 따라 된 것이 아니니라 갈 1:11

거짓 교사들은 복음의 진리를 왜곡시키고, 바울이 전한 복음을 값싼 은혜를 가르치는 것이라고 폄하했을 뿐만 아니라, 바울의 사도권을 공격했습니다. 거짓 교사들은 바울이 유대인들처럼 할례를 받고 모세의 율법을 지키는 노력 없이 단지 믿기만 하면 구원받는다는 값싼 은혜를 전해, 사람들의 기쁨을 구하고 환심을 사려는 자라고 비난했습니다.

따라서 바울은 복음의 진리가 훼방받지 않게 하기 위해 자신을 변호할 수밖에 없었습니다. 바울은 갈라디아 교회의 성도들에게 형제라고 부르면서 자신이 전하는 복음이 어디에서 왔는지에 대해 설명했습니다.

먼저 바울이 전하는 복음은 사람의 뜻을 따라 된 것이 아니었습니다. 사람으로부터 비롯된 것도, 사람이 만들어낸 것도 아니라는 것입니다. 이에 대해 바울은 이어지는 12절에서 좀 더 구체적으로, 확정적으로 설명합니다.

> 12 이는 내가 사람에게서 받은 것도 아니요 배운 것도 아니요 오직 예수 그리스도의 계시로 말미암은 것이라 갈 1:12

바울은 자신이 전한 복음이 사람에게서 받은 것이나 배운 적이 없는 예수 그리스도의 계시라고 밝혔습니다. 이는 바울이 갈라디아서를 시작하면서, 이 편지의 발신자인 자신의 사도성에 대해 말할 때 이미 밝힌 것과 같습니다.

"사람들에게서 난 것도 아니요 사람으로 말미암은 것도 아니요 오직 예수 그리스도와 그를 죽은 자 가운데서 살리신 하나님 아버지로 말미암아 사도 된 바울은" 갈 1:1

따라서 여기서 바울이 말하는 예수 그리스도의 계시는 예수 그리스도가 주신 계시의 말씀이 아니라 예수 그리스도의 나타나심 자체를 말하고 있는 것입니다. 즉 바울이 그리스도인들을 잡아 예루살렘으로 끌고 오려고 다메섹으로 갈 때에, 부활하신 예수님이 하늘로부터 임하는 빛과 함께 그 앞에 나타나신 사건을 의미합니다.

예수님의 계시의 사건, 곧 바울 앞에 부활하신 예수님이 나타나신 사건은 바울의 일생을 뒤바꾸어놓은 충격적인 사건이었습니다. 이 사건이 있기 전의 바울은 '예수가 유대교의 전통과 율법을 존중하지 않았고, 스스로를 하나님이라 하며 신성모독을 행했으며, 그로 인한 심판을 받아 십자가에 달려 죽임을 당한 자'라고 생각했습니다. 또한 나무에 달린 자는 하나님께 저주를 받은 자(신 21:23)라는 율법의 정죄에 따라 예수님을 저주받은 자라고 판단했습니다.

바울은 예수의 죽음 이후에, 예수를 따르던 무리들이 자연히 사라질 줄 알았으나 예수의 부활이라는 터무니없는 거짓말을 퍼뜨리며 도리어 더욱 기세를 올리고 있는 상황이 못마땅했습니다. 그래서 스데반의 죽음을 계기로 나사렛 예수를 따르는 나사렛 이단의 잔당을 완전히 박멸시키고자 했습니다.

그러나 바울은 부활하신 예수님을 다메섹 도상에서 만남으로 모든 생각이 바뀌게 되었습니다. 이뿐만 아니라 예수님이 나타나신 이 사건을 통해 그간 이단 사설로 여겼던 복음이 인간에게 구원을 가져다주는 진리의 복음이라는 것을 깨닫게 되었습니다. 결국 바울이 전하는 복음은 예수님께로부터 직접 받은 것입니다.

바울은 다메섹 도상에서 예수님을 만난 후 새롭게 변화되었고, 예수님을 위해 일생을 바쳐 헌신했습니다.

우리가 일생을 살아가는 동안 많은 만남이 있지만 가장 중요하고 소중한 만남은 구주 예수님과의 만남입니다. 그리고 복음이 얼마나 귀한 진리의 말씀인지를 나타내는 가장 좋은 방법은 예수님을 만난 이후 변화된 삶을 사는 것입니다.

예수님과 복음으로 인해 변화된 삶은 우리가 만난 예수님이 살아계신 분이며, 복음이 구원의 참진리라는 것을 사람들에게 밝히 보여주는 가장 좋은 수단입니다. 그래서 바울도 다메섹 도상에서 경험한 예수님의 계시 사건 전후의 자신의 변화된 삶을 소개했습니다.

부흥사 무디는 19세기 미국과 영국 및 전 세계 부흥운동을 주도한 사람입니다. 일제 강점기, 한국에 온 많은 선교사님들도 무디가 일으킨 부흥운동에 영향을 받고 오신 분들입니다. 하지만 무디 역시 사도 바울처럼 '폄하하는 적들'이 있었습니다.

무디는 9남매 중 6번째로 태어났는데 그가 4살 때 아버지가 돌아가셨기 때문에 집안 형편상 제대로 된 교육을 받지 못했습니다. 그가 받은 공교육은 초등학교 5년이 전부였습니다. 배우지 못하고 가진 것이 없었던 무디가 할 수 있는 일은 구둣방 점원과 구두 외판원과 같은 일들뿐이었습니다. 그래서 그를 비웃는 사람은 이렇게 말하기도 했습니다.

"당신은 여러 사람들 앞에서 말할 자격이 없는 사람입니다. 당신의 말은 사투리가 심할 뿐 아니라 문법에도 맞지 않으니까요!"

이때 그는 이렇게 답했습니다.

"나도 내 말솜씨가 얼마나 엉터리인지 잘 알고 있습니다. 사실 나는 무식한 촌사람입니다. 그러나 하나님의 일을 하는 데 기교나 문법이 필요하지는 않지요. 그러나 문법에 맞게 교양 있는 말을 하는 당신은 그 실력을 가지고 지금까지 몇 사람을 그리스도께 인도했습니까?"

그러자 그 사람은 아무 말도 못하고 돌아갔습니다.

무디가 이렇게 당당히 말할 수 있었던 이유는 비록 교육받은 것은 얼마 되지 않지만 늘 성경 연구에 힘썼기 때문입니다.

무디의 동역자였던 토레이 목사님에 의하면, 그는 매일 아침 4시에 일어나 성경을 연구하는 것을 죽기까지 계속했다고 합니다. 토레이 목사님은 이렇게 말했습니다.

"무디는 새벽 4시에 일어나곤 했다. 그는 '성경 공부를 위해서는 다른 식구들이 일어나기 전에 먼저 일어나야 한다.'라고 내게 말하곤 했다. 그는 홀로 구석진 방에 들어가 오직 하나님과 성경만을 붙들고 여러 시간을 보내곤 했다."

많이 배우지 못했기에 더욱 성경을 가까이하고 하나님을 의지한 그가 특별히 사랑했던 성경 구절은 다음과 같습니다.

"주 야훼께서 나를 도우시므로 내가 부끄러워하지 아니하고 내 얼굴을 부싯돌 같이 굳게 하였으므로 내가 수치를 당하지 아니할 줄 아노라" 사 50:7

2. 변화되기 전의 바울

13 내가 이전에 유대교에 있을 때에 행한 일을 너희가 들었거니와 하나님의 교회를 심히 박해하여 멸하고 갈 1:13

바울은 다메섹 도상에서 예수님을 만나기 전의 자신의 모습에 대해 솔직히 고백했습니다. 그는 교회를 박해하는 자였고 철저한 바리새인이었습니다.

먼저 바울이 유대교에 몸담고 있을 때, 그는 유대인 사이에서도 매우 잘 알려진 인물이었습니다. 특히 바울은 교회와 그리스도인들을 박해하는 일이라면 누구 못지않게 앞장섰었습니다.

"내가 이 도를 박해하여 사람을 죽이기까지 하고 남녀를 결박하여 옥에 넘겼노니 이에 대제사장과 모든 장로들이 내 증인이라 또 내가 그들에게서 다메섹 형제들에게 가는 공문을 받아 가지고 거기 있는 자들도 결박하여 예루살렘으로 끌어다가 형벌 받게 하려고 가더니" 행 22:4-5

바울은 예수님을 만나기 전 교회를 무너뜨리는 데 앞장선 사람이었습니다. 스데반이 돌에 맞아 처참히 죽어가는 모습을 보고 '그가 죽임 당함을 마땅히 여기더라'(행 8:1)라고 한 말씀에서도 보듯 스데반의 죽음을 매우 옳은 일로 생각하고 전적으로 동의했었습니다.

바울이 아무런 죄책감도 없이, 교회와 그리스도인들을 박해한 것은 그가 철저하고도 열성적인 바리새파였기 때문이었습니다.

> 14 내가 내 동족 중 여러 연갑자보다 유대교를 지나치게 믿어 내 조상의 전통에 대하여 더욱 열심이 있었으나 갈 1:14

회심하기 전 바울의 바리새파로서의 열정은 대단했습니다. 당시 유대교의 대표적인 3대 분파가 있었는데 이는 에세네파, 사두개파, 바리새파였습니다. 이중 바리새파라는 분파의 이름은 '구별하다', '분리하다'라는 뜻을 가진 히브리어(파라쉬, parash)에서 유래된 것입니다.

바리새파는 역사적으로 시리아 왕국에 대한 유대인들의 독립전쟁인 마카베오 전쟁(B.C. 168-141) 이후에 뚜렷하게 등장했고 그 후 가장 강력한 유대교 분파가 되었습니다. 바리새인들은 모세율법(성문법)과 조상의 전통(구전법; 마15:2) 준수하는 것을 매우 중요하게 여기고 일상생활의 사소한 부분까지 율법을 정확하게 적용, 준수하려는 열심을 가지고 있었습니다. 그들은 그러한 행위의 순종이 메시아의 도래를 가져올 수 있다고 믿었습니다.

바리새파에 들려면, 일정한 시험기간을 거쳐, 십일조 및 결례 규정을 엄격하게 준수하기로 약속해야 했습니다. 처음에는 평신도 중심의 운동이었지만, 점차 서기관들(율법학자)과 세력을 규합했고, B.C. 70년 예루살렘이 로마에 함락된 후로는 유대교 사상을 주도했습니다.

이러한 바리새파에 속했던 바울은 당시 함께 활동하던 바리새인들보다 유대교에 대한 충성심이 탁월했고, 조상들의 전통을 지키는 데에는 자신을 따라올 자가 없을 정도였다고 회고하고 있습니다. 즉 바울은 완전무결한 바리새인 중에서 바리새인이었습니다.

"나는 팔일 만에 할례를 받고 이스라엘 족속이요 베냐민 지파요 히브리인 중의 히브리인이요 율법으로는 바리새인이요 열심으로는 교회를 박해하고 율법의 의로는 흠이 없는 자라" 빌 3:5-6

만약 바울이 예수님 오시기 전 구약시대 사람이라면, 바울이 가진 열심은 그를 존경받을만한 유대인, 신앙인, 종교지도자로 만들 수도 있었습니다.

그런데 문제는 그러한 열심이 하나님의 뜻에 따라 구주 예수님이 새 언약을 가지고 오셨다는 것을 깨닫지 못하게 방해했고, 또한 그 예수님을 영접한 그리스도인들을 박해하는 신앙적 오류에 빠지게 만들었다는 것입니다.

그래서 우리가 교회 안에서 직분을 맡고 봉사하는 일에 열심을 낼 때 때로 그 열심이 누군가를 아프게 하는 것, 교회에 상처를 주는 것이 되기도 합니다. 오직 우리 열심은 모두 주님의 영광을 위하고, 교회와 성도들에게 유익을 끼치는 것이 되어야 합니다.

3. 변화된 후의 바울

> 15 그러나 내 어머니의 태로부터 나를 택정하시고 그의 은혜로 나를 부르신 이가 갈 1:15

바울은 유대교에 대한 충성심과 조상들의 전통을 따르는 종교적 열심으로 교회와 그리스도인들을 잔인하게 박해했습니다. 바울은 자신의 그러한 행동이 메시아인 예수님을 박해하는 행동이라는 것을 깨닫지 못했습니다.

바울은 자신이 하는 행동이 하나님의 뜻이라는 데에 한 치의 의심도 없었지만 자신이 박해하던 예수님을 만나고 난 후 그의 인생은 완전히 달라지게 되었습니다.

바울은 자신에게 찾아온 이러한 변화, 곧 자신이 이단 사설로 치부하던 복음의 사도로 부르심을 받은 것은, 하나님의 택하심과 하나님의 은혜라고 고백합니다. 그 사건은 전적인 하나님의 역사였습니다.

존 스토트 목사님은 이렇게 말합니다.

"다소의 사울은 복음을 광적으로 반대하던 자였다. 하지만 하나님은 그를 그처럼 열렬히 반대하던 바로 그 복음을 전하는 자가 되게 하셨다. 그가 태어나기 전에 택함받은 것과 역사적으로 부름받은 것 그리고 그 안에 그리스도께서 나타나신 것은 모두 하나님의 역사였다. 그가 회심하기 전에 대단히 열심이었다는 것, 그의 회심에서 하나님이 주도권을 쥐셨다는 것, 그 후에 예루살렘 교회 지도자들로부터 완전히 고립되었다는 것 등을 다 합하면, 그의 메시지가 사람으로부터 온 것이 아니라 하나님으로부터 온 것임을 알 수 있다!"

마찬가지로 우리가 하나님의 복받은 자녀가 된 것도, 하나님의 절대 주권 아래 택하심을 받았기 때문입니다.

"너희가 나를 택한 것이 아니요 내가 너희를 택하여 세웠나니" 요 15:16a

또한 우리가 받은 구원, 축복, 이 모든 것은 하나님의 은혜, 곧 값없이 주시는 선물로 우리가 다 받아 누리는 것입니다. 그러므로 일생 동안 우리는 그저 감사할 것밖에 없습니다. 넘치는 감사로 살아가며 하나님께 영광 돌리는 삶을 살아가야 합니다.

그런데 바울의 이 고백은 구약의 선지자들의 고백과 일치합니다.

"내가 너를 모태에 짓기 전에 너를 알았고 네가 배에서 나오기 전에 너를 성별하였고 너를 여러 나라의 선지자로 세웠노라 하시기로" 렘 1:5

바울이 이처럼 구약 선지자들의 고백과 일치하는 고백을 하고 있는 것은 그들의 사명이 하나님께로 온 것처럼 자신의 사명도 그러하다는 것을 보여주고 있는 것입니다. 이처럼 바울은 자신의 사명이 하나님께로부터 온 것이 틀림없다는 것을 확신하고 있었기 때문에 다음과 같이 행동했습니다.

> 16 그의 아들을 이방에 전하기 위하여 그를 내 속에 나타내시기를 기뻐하셨을 때에 내가 곧 혈육과 의논하지 아니하고 갈 1:16

하나님은 바울을 이방인의 사도로 부르셨고, 또한 그렇게 사용하시기 위해 다메섹 도상에서 그의 아들 예수 그리스도를 계시해 주셨습니다. 그리고 하나님은 그 일을 기뻐하셨습니다. 이는 구약에서 이스라엘에게 집중되어있었던 하나님의 구원의 역사가 이제 이방인에게도 베풀어지는 것을 기뻐하셨다는 의미입니다.

바울은 이방인의 사도로서의 사명을 즉각적으로 받아들이고, 그 사명에 완전히 자신을 드려 헌신하는 자가 되었습니다.

예수님의 수제자였던 베드로는 이방인의 오순절, 고넬료 가정에 임한 성령 강림 사건의 주역이었으면서도 갈라디아서 2장 11절부터 13절에서 보듯 이방인에게 복음을 전하고, 식탁 교제를 나누는 일에 유대인을 의식했습니다.

그러나 바울은 하나님께 받은 사명이 조금도 훼손되지 않도록 최선의 노력을 다했습니다.

'곧', 즉시 행동으로 옮겼고, 어떤 혈육과도 의논하지 않았습니다. 여기서 '혈육'은 혈연관계란 뜻이 아닌, '인간의 나약함'에 대한 상징적 표현입니다. 바울은 인간적인 생각으로 자신의 사명에 대해 갑론을박할 사람들의 의견을 구하지 않았습니다. 심지어 바울은 사도들을 만날 생각조차 안 했습니다.

> 17 또 나보다 먼저 사도 된 자들을 만나려고 예루살렘으로 가지 아니하고 아라비아로 갔다가 다시 다메섹으로 돌아갔노라 갈 1:17

보통 사람의 생각으로는 바울에게는 너무도 갑작스런 변화였고 또한 바울이 극적인 체험을 통해 예수님을 만났기 때문에 예루살렘에 가서 먼저 사도 된 자들의 의견을 구하는 것도 나쁘지 않았습니다. 사도들의 권위를 빌어 자신의 체험을 공증받고, 예수님의 공생애를 함께한 그들에게 가르침을 받고, 사역에 도움을 받는 것이 현명한 방법이라고 생각할 수 있었습니다.

그러나 바울은 예루살렘이 아닌 아라비아(당시 나바테아 왕국 영역, 오늘날 요르단)로 떠나 3년 만에 다메섹으로 돌아왔고, 그제야 예루살렘에 갔습니다(주후 36년 경).

바울이 왜 아라비아로 갔으며, 거기서 무엇을 했는지 정확히는 알 수 없습니다. 그러나 이 기간 동안 지난 날 자신의 잘못을 돌아보고 그의 사명을 굳건히 하기 위해 주님과 깊이 교제하는 시간을 가졌을 것이라고 생각됩니다.

우리도 사명에 온전히 헌신된 자가 되기 위해, 어떤 인간적이고 세상적인 목소리에도 귀를 기울이지 말고 또 사람을 의지하지 말고 오직 말씀 충만, 성령충만, 기도 충만으로 주님과 늘 교제하며 동행하는 삶을 살아야 할 것입니다.

오늘날도 하나님은 제2, 제3의 바울과 같은 사람들을 부르고 계십니다. 지난 2월 인도의 무슬림 의사가 주님을 만나 암을 고침받고, 복음 전도자로 변하여 50개의 가정교회를 세웠다는 뉴스가 보도되었습니다.

철저한 무슬림 의사였던 산제이(가명)는 암에 걸려 인도 콜카타의 병원에서 항암 치료를 받던 중, 예수님이 그를 찾아오시는 놀라운 일을 경험했습니다. 이때의 경험에 대해 산제이는 이렇게 이야기합니다.

> "나는 울부짖었습니다. 그런데 내가 믿고 싶지 않았던 이름, 즉 예수 그리스도의 이름이 계속 다가오는 것이었습니다. 저는 매우 약해져있었고 아팠습니다. 그래서 예수님께

기도하며 물었습니다. '저를 고쳐주실 수 있으세요?'"

그러자 몸이 점점 나아지기 시작했고 검사를 받아보니 암이 말끔히 사라져버렸습니다. 그는 자신을 고친 분이 예수님이며 예수님이 살아계신다는 사실을 발견하자 이후 복음전도자로 헌신했습니다.

그는 가는 곳마다 자신이 체험한 예수 그리스도를 전했고, 엄청난 박해를 받았습니다. 가족들은 그를 내쫓았고, 다른 이들도 그를 해칠 목적으로 진료실을 부수려고까지 했습니다.

그러나 그는 전도를 멈출 수 없었습니다. 또한 하나님이 자신을 용서하신 것처럼, 자신을 박해하는 이들을 용서했습니다. 그러자 현재는 그를 공격했던 이들이 오히려 진료받기 위해 그를 찾아오는 기적이 일어나고 있습니다. 그 결과, 수백 명이 주님께 돌아왔으며, 50개의 가정교회를 개척할 수 있었습니다. 그는 이렇게 고백합니다.

"수 년 동안 저를 박해하던 사람들이 지쳤나봅니다. '우리가 하지 말라고 할수록 그는 더 복음을 전한다'고 말하더군요. 저를 내쫓길 원했던 그들이 지금은 부모님을 모시고 와서는 미안하다고 말합니다. 예수님과 떨어져서는 생명이 없어요. 저는 예수님께서 행하신 일들을 사람들에게 말하는 것에 흥분되어있어요. 매일 주님을 위해 살기를 원하고, 이 일을 계속할 것입니다. 제가 더 많은 일을 할 수 있도록 기도해주세요!"

4. 예루살렘을 방문한 바울

바울은 3년 후 예루살렘에 올라가 베드로 사도를 만나려고 2주간 머물렀습니다.

> 18 그 후 삼 년 만에 내가 게바를 방문하려고 예루살렘에 올
> 라가서 그와 함께 십오 일을 머무는 동안 19 주의 형제 야고
> 보 외에 다른 사도들을 보지 못하였노라 갈 1:18-19

사도행전을 보면 이때 교회를 핍박하던 바울(사울)의 과거 행적을 잘 알고 있는 다른 제자들은 바울의 회심을 믿지 않고 그를 피했던 것을 알 수 있습니다.

"사울이 예루살렘에 가서 제자들을 사귀고자 하나 다 두려워

하여 그가 제자 됨을 믿지 아니하니" 행 9:26

그래서 그는 예루살렘에서 당시 교회 지도자였던 야고보(예수님의 형제) 외에 다른 사도들은 만날 수 없었습니다. 사도 바울이 회심한 후 처음에는 대부분 제자들이 그를 믿지 않았기 때문입니다.

20 보라 내가 너희에게 쓰는 것은 하나님 앞에서 거짓말이
아니로다 21 그 후에 내가 수리아와 길리기아 지방에 이르
렀으나 갈 1:20-21

환대받지 못했던 예루살렘 방문 이후 바울은 수리아와 길리기아 지방에 이르렀습니다. 바울은 그곳에서 가이사랴로 내려가 다소에 이르게 되었고, 바나바에 이끌려 안디옥에 와서 큰 교회를 세우게 되었습니다. 여기저기서 인정받지 못하고 떠돌던 바울이 비로소 하나님께 귀하게 쓰임받은 것입니다.

"바나바가 사울을 찾으러 다소에 가서 만나매 안디옥에 데리고 와서 둘이 교회에 일 년간 모여 있어 큰 무리를 가르쳤고 제자들이 안디옥에서 비로소 그리스도인이라 일컬음을 받게 되었더

라" 행 11:25-26

시간이 자나가면서 교회들이 차차 사도 바울의 진정한 회심을 믿게 되고 그의 말씀선포에 귀를 기울이게 되었습니다. 그리고 하나님께 영광을 돌리게 됩니다.

22 그리스도 안에 있는 유대의 교회들이 나를 얼굴로는 알
지 못하고 23 다만 우리를 박해하던 자가 전에 멸하려던 그
믿음을 지금 전한다 함을 듣고 24 나로 말미암아 하나님께
영광을 돌리니라 갈 1:22-24

사랑하는 여러분, 우리는 나의 모든 것이 하나님께서 주신 선물이요 은혜라는 사실을 잊지 말아야 합니다. 머리끝부터 발끝까지 하나님으로부터 나왔고 하나님께서 허락하신 것입니다. 하나님께서 주신 것은 모든 것이 선하고 좋은 것입니다. 지금 느끼기에 힘들고 고통스러운 일이라 할지라도 하나님을 신뢰하며 나가면 반드시 하나님께서 아름다운 결과를 보여주실 것입니다.

갈라디아서 2장 1-10절

1 십사 년 후에 내가 바나바와 함께 디도를 데리고 다시 예루살렘에 올라갔나니
2 계시를 따라 올라가 내가 이방 가운데서 전파하는 복음을 그들에게 제시하되 유력
한 자들에게 사사로이 한 것은 내가 달음질하는 것이나 달음질한 것이 헛되지 않게
하려 함이라
3 그러나 나와 함께 있는 헬라인 디도까지도 억지로 할례를 받게 하지 아니하였으니
4 이는 가만히 들어온 거짓 형제들 때문이라 그들이 가만히 들어온 것은 그리스도 예
수 안에서 우리가 가진 자유를 엿보고 우리를 종으로 삼고자 함이로되
5 그들에게 우리가 한시도 복종하지 아니하였으니 이는 복음의 진리가 항상 너희 가
운데 있게 하려 함이라
6 유력하다는 이들 중에 (본래 어떤 이들이든지 내게 상관이 없으며 하나님은 사람을
외모로 취하지 아니하시나니) 저 유력한 이들은 내게 의무를 더하여 준 것이 없고
7 도리어 그들은 내가 무할례자에게 복음 전함을 맡은 것이 베드로가 할례자에게 맡
음과 같은 것을 보았고
8 베드로에게 역사하사 그를 할례자의 사도로 삼으신 이가 또한 내게 역사하사 나를
이방인의 사도로 삼으셨느니라
9 또 기둥 같이 여기는 야고보와 게바와 요한도 내게 주신 은혜를 알므로 나와 바나
바에게 친교의 악수를 하였으니 우리는 이방인에게로, 그들은 할례자에게로 가게
하려 함이라
10 다만 우리에게 가난한 자들을 기억하도록 부탁하였으니 이것은 나도 본래부터 힘
써 행하여 왔노라

04 이방인의 사도

본문 말씀 : 갈라디아서 2장 1-10절

바울은 다메섹에서 회심한 후 아라비아에서 3년을 보내고, 예루살렘을 방문한 이후로 14년이 지나 다시 예루살렘을 방문했습니다. 여기에서 바울은 그 모든 일이 사람의 뜻으로 된 것이 아니라 오직 하나님의 뜻에 따라 된 것이며, 또한 하나님의 뜻에 따라 자신이 이방인의 사도가 되었다고 고백합니다. 예루살렘 교회의 지도자들은 바울의 이러한 이야기를 받아들여 바울의 이방인 선교를 교회 차원에서 승인했습니다.

1. 바울의 예루살렘 방문

1 십사 년 후에 내가 바나바와 함께 디도를 데리고 다시 예루살렘에 올라갔나니 갈 2:1

바울은 다메섹 도상에서 주님을 만난 뒤 그리스도인이 된 후 아라비아에서 3년을 보낸 뒤에야 예루살렘을 방문했습니다. 그리고 다시 14년이 지난 시점에 바나바와 함께 다시 예루살렘을 방문했습니다.

바울과 바나바는 제2차 선교여행을 떠나기 직전에 서로 헤어졌기 때문에 갈라디아서 2장 1절에 기록된 바울과 바나바의 예루살렘 방문은 제1차 선교여행 직후 사도행전 15장의 예루살렘 사도회의를 위한 것이라고 학자들은 말합니다.

이때 바울은 디도를 데리고 갔습니다. 디도는 바울의 제자 중 최초의 이방인 사역자이자 바울의 신실한 동역자로서 고린도 교회와 바울이 갈등을 겪고 있을 때 화해와 문제 해결의 메신저로서 활약했습니다. 이후 디도는 그레데 섬에서 사역했고 디모데후서 4장 10절에 따르면 달마디아 지방까지 나아가 복음을 전했습니다.

바울이 이처럼 예루살렘에 다시 올라간 것은 하나님의 뜻을 따라서 한 것이었습니다.

2 계시를 따라 올라가 내가 이방 가운데서 전파하는 복음을 그들에게 제시하되 유력한 자들에게 사사로이 한 것은 내가 달음질하는 것이나 달음질한 것이 헛되지 않게 하려 함이라 갈 2:2

바울이 예루살렘에 가게 된 것은 사람의 명령이 아니라 하나님의 지시에 복종한 것이었습니다. 바울의 행동 원리는 하나님의 계시입니다. 바울은 앞서 자신이 전한 복음의 기원 역시 예수 그리스도의 계시로 말미암은 것이라고 밝혔었습니다.

"형제들아 내가 너희에게 알게 하노니 내가 전한 복음은 사람의 뜻을 따라 된 것이 아니니라 이는 내가 사람에게서 받은 것도 아니요 배운 것도 아니요 오직 예수 그리스도의 계시로 말미암은 것이라" 갈 1:11-12

바울이 사람의 명령이 아니라 하나님의 지시에 따라 예루살렘에 가게 된 데에는 뚜렷한 목적이 있었습니다. 그것은 자신이 이방 가운데서 전파하는 복음을 예루살렘의 유력한 사도들에게 설명하려는 것이었습니다.

바울은 유대인들과 다른 문화적, 종교적 배경을 가지고 있는 이방인들을 선교하는 것이 여러모로 유대인 선교와 다르다는 점을 예루살렘 지도자들에게 설명하려고 했습니다.

다시 말해서 바울은 이번 방문을 통해서 자신과 바나바의 이방인 선교를 예루살렘 교회가 승인해주기 원했습니다. 그래야 자신이 달음질하는 것, 즉 그가 지금까지 해온 이방인 사역이 헛되지 않게 될 것이기 때문입니다.

이처럼 우리는 우리의 신앙과 실천, 전도와 봉사를 항상 말씀과 교회의 전통에 비추어 확인받는 것이 중요합니다. 말씀 중심, 교회 중심이 아니라 자기중심에 빠지다보면 자기도 모르는 사이에 잘못된 신앙관을 갖게 되고 더 잘못되면 이단, 사이비로 전락하게 됩니다.

18세기 감리교운동의 창시자 존 웨슬리는 본래 영국 국교회의 사제였지만 나중에 국교회에서 출교되어, 국교회의 전통에 얽매이지 않고 평신도 전도사역, 기도서를 사용하지 않은 즉석기도, 야외설교 등을 시작했습니다. 그는 신앙과 성도의 삶에 대해서 새로운 기준과 방법을 제시했지만 그러면서도 결코 전통을 무시

하지는 않았습니다. 즉, 초대교회의 전통, 교부들의 가르침, 공회와 영국 국교회 종교 강령, 다양한 선진들의 지혜가 담긴 설교와 주석, 기도서 등을 늘 참조하며 자신의 사역을 점검했습니다. 그는 생전에 이렇게 말하기도 했습니다.

"저는 전통적 증거를 저평가하지 않습니다. 전통적 증거가 그 나름의 자리를 지키고 마땅히 받아야 할 존경을 받을 수 있도록 합시다."

그래서 20세기 미국의 감리교 신학자인 아우틀러는 웨슬리가 기준으로 삼은 웨슬리안 4중 표준을 다음과 같이 제시했습니다.

① 성경 ② 전통 ③ 이성 ④ 경험

성경에 의해 계시되고, 전통에 의해 조명되며, 이성에 의해 확고해진 복음의 진리는 실질적인 신앙의 경험을 통해 생동감을 얻는다는 것입니다.

2. 가만히 들어온 거짓 형제들

바울은 이방인 디도를 예루살렘에 데려가면서도 결코 할례를 받도록 하지 않았습니다.

3 그러나 나와 함께 있는 헬라인 디도까지도 억지로 할례를 받게 하지 아니하였으니 갈 2:3

당시 예루살렘에는 유대인 그리스도인들 중에 이방인이 구원을 받으려면, 모세의 율법을 지키고 할례를 받아야 한다고 주장하는 사람들이 있었습니다.

"어떤 사람들이 유대로부터 내려와서 형제들을 가르치되 너희가 모세의 법대로 할례를 받지 아니하면 능히 구원을 받지 못하리라 하니 바울 및 바나바와 그들 사이에 적지 아니한 다툼과 변론이 일어난지라 형제들이 이 문제에 대하여 바울과 바나바와 및 그 중의 몇 사람을 예루살렘에 있는 사도와 장로들에게 보내기로 작정하니라" 행 15:1-2

이런 상황에서 바울은 헬라인, 곧 이방인 사역자 디도를 데리고 예루살렘에 가서 디도의 예를 통해 분명한 메시지를 전달하고자 했습니다.

즉 바울은 할례를 받지 않은 이방인 디도도 그리스도인 될 수 있음을 보여준 것입니다. 이방인이 구원을 받기 위해 할례를 받을 필요가 없었습니다. 왜냐하면 구원은 오직 믿음으로만 가능하기 때문입니다. 이것이 바로 바울이 전한 복음이었습니다.

"그러므로 사람이 의롭다 하심을 얻는 것은 율법의 행위에 있지 않고 믿음으로 되는 줄 우리가 인정하노라" 롬 3:28

바울과 바나바가 제1차 선교여행을 마치고 안디옥으로 돌아왔을 때, 역시 유대에서 온 어떤 사람들이 거짓 교사들과 같은 주장을 펼쳤습니다. 그래서 결국 바울과 바나바는 이방인의 구원 조건에 대한 공식적인 결론을 내리기 위해 예루살렘을 방문했고, 이로 인해 예루살렘에서 사도회의가 열렸습니다.

그때 예루살렘 사도회의는 이방인 회심자에게 네 가지 조항 이외에는 자유를 주기로 결론을 내렸습니다. 그 네 가지 조항은 우상 제물, 피, 목매어 죽인 것, 음행을 피하는 것입니다.

"성령과 우리는 이 요긴한 것들 외에는 아무 짐도 너희에게 지우지 아니하는 것이 옳은 줄 알았노니 우상의 제물과 피와 목매어 죽인 것과 음행을 멀리할지니라 이에 스스로 삼가면 잘되리라 평안함을 원하노라 하였더라" 행 15:28-29

바울이 단호하게 이방인 디도에게 할례를 행하지 않은 이유는 다음과 같습니다.

> 4 이는 가만히 들어온 거짓 형제들 때문이라 그들이 가만히 들어온 것은 그리스도 예수 안에서 우리가 가진 자유를 엿보고 우리를 종으로 삼고자 함이로되 갈 2:4

여기에서 "가만히 들어온 거짓 형제들"은 바울이 갈라디아를 떠난 후, 갈라디아에 들어와서 갈라디아 교회를 어지럽히는 거짓 교사들을 말합니다. 이들은 바울의 복음, 즉 믿음으로 말미암아 얻는 하나님의 의를 싸구려 은총이라고 비하했습니다. 참구원을 얻기 위해서는 믿음뿐만 아니라 할례와 같은 율법을 준수해야 한다고 주장했습니다.

학자들은 이들을 유대주의자들이라고 부릅니다. 율법주의는 생명의 물줄기를 죽음의 물줄기로 바꾸는 것입니다.

미국 캐슬뷰 침례교회의 담임이자 저술가인 맥스 앤더스 목사님은 이렇게 말합니다.

> "복음은 순수한 물줄기와 같다. 그러나 갈라디아에 스며든 거짓 교사들은 그리스도를 믿는 믿음 외에 추가로 유대인

의 율법을 요구함으로써 복음을 더럽혔다. 오늘날 많은 사람들이 종교적 의식을 따르거나 일련의 규칙들을 지킴으로써 하나님의 은혜를 얻도록 애쓰는 길로 돌아서게 만들고 있다. 율법주의는 그 순수하고 생명을 주는 복음의 물줄기를 쓰디쓰고 죽음의 독이 들어있는 물줄기로 바꾸어 오염시킨다. 스스로 하나님의 은혜나 영원한 생명을 얻고자 노력하는 것은 곧 죽음의 물줄기를 마시는 것이다!"

바울은 그들의 검은 의도를 간파했습니다. 예수 그리스도께서 십자가를 통해서 우리에게 자유를 주셨는데, 다시 율법과 사람의 종으로 삼기 위해 갈라디아 교회에 위장해서 들어온 것입니다. 그들은 양의 모습을 하면서 가만히 들어와서 양 떼들을 빼앗아 가려고 했습니다.

놀라운 사실은 우리 교회에 새신자로, 또는 성경공부 등록생으로 위장해서 "가만히 들어오는" 이단들이 지금도 있다는 것입니다. 그들의 목표는 우리를 종으로 삼으려는 것입니다. 그러므로 모든 목회자와 성도들은 진리의 불빛으로 그들을 잘 분별해야 합니다.

사도 바울은 단 한 순간도 거짓 교사들에게 굴복하지 않았습니다.

5 그들에게 우리가 한시도 복종하지 아니하였으니 이는 복
음의 진리가 항상 너희 가운데 있게 하려 함이라 갈 2:5

갈라디아 교회에서 암약하는 거짓 교사들이 이방인 신자들에게 할례 받을 것을 요구하는 마당에, 사도 바울이 자신의 제자이자 사역자인 디도에게 할례를 받도록 한다면 갈라디아 교회의 거짓 교사들의 주장은 더욱 힘을 얻었을 것입니다. 그래서 바울은 그들에게 한 치의 틈도 보이지 않도록 하기 위해서 디도에게 할례를 받도록 하지 않았습니다.

우리도 이처럼 거짓 복음에는 한시도 복종하지 않는 자세를 가지고 그들을 경계하며 깨어있어야 합니다. 성경은 이단 사이비에게 단호한 태도를 가질 것을 명령합니다.

"누구든지 이 교훈을 가지지 않고 너희에게 나아가거든 그를 집에 들이지도 말고 인사도 하지 말라 그에게 인사하는 자는 그 악한 일에 참여하는 자임이라" 요이 1:10-11

최근 한국은 본의 아니게 이단 수출국이 되었습니다. 한국 이단들이 한국교회의 선교를 모방하여 해외에 진출하고 그 세력을 확장하고 있습니다.

부산 장신대의 탁지일 교수는 '최근 이단동향 분석 및 향후 전망'이란 글에서 최근 이단들의 특징 8가지를 이야기했는데, 그 중 두 가지가 해외진출과 사회봉사활동이었습니다.

1. 해외진출

한국 이단들이 한류 바람을 타고, 세계화하고 있습니다. 조직력과 경제력을 앞세워, 선교 오지를 효과적으로 파고들고 있는 것입니다. 따라서 이단에 대한 대처가 없는 선교는 밑 빠진 독에 물 붓기라고 할 수 있습니다. 이단들은 주로 해외교민사회에 침투합니다. 해외에 있는 친인척과 지인들에 관한 정보를 신도들로부터 수집, 그들만의 거짓말 포교를 진행하는 방식입니다.

미국의 경우 각 주마다 특공대를 보내 성경공부 모임을 만들어 세력을 확장합니다. 워싱턴 D.C., 시카고, 뉴욕에도 위장 교회와 무료신학원을 운영하고 있고 그 외 지역에도 모임, 복음방, 무료신학원을 활용해 성도들을 미혹하고 있습니다. 국내에 방문한 외국인들에게 자원봉사활동을 매개로 관계를 형성한 후 현지 침투를 시도하는 것도 그들의 포교 방식 중 하나입니다.

몽골 선교가 많은 성과를 거두자 많은 이단들이 몽골에 적극적인 포교를 추진하고 있습니다. 최근 캄보디아에도 이단들이 활발하게 활동하여 기성 교회들이 큰 피해를 입고 있습니다.

2. 사회봉사

이단들이 효과적 포교를 위해 이용하는 것이 사회봉사입니다. 최근 성장하는 이단들은 앞다투어 국내외 사회봉사활동을 펼치고 있습니다. 한 이단 종교는 대통령상을 수상할 정도로 봉사에 적극적으로 참여하고 있습니다.

그렇다면, 이러한 상황 가운데서 교회는 어떻게 대처해야 할까요?

해외진출에 대해서는, 국내 차원의 이단 대처를 넘어 글로벌 이단 대처 네트워크를 구축할 필요가 있습니다. 해외에서 활동하는 한국 이단들에 대한 정보와 효과적인 대처 방안을 공유하고, 현지 선교사들 중심의 초교파 조직이 효과적일 것입니다.

무엇보다 유념해야 할 점은 건강한 교회만이 이단에 효율적으로 대처할 수 있다는 것입니다. 탁지일 교수는 이렇게 말합니다.

> "초대 교회부터 이단은 거짓말을 앞세워 주님의 몸 된 교회를 분열시켜왔다. 하지만 교회는 반드시 이긴다! 이단은 예외 없이 생성과 소멸을 반복하지만, 참된 교회는 단 한 차례도 패배한 적이 없다는 사실을 기독교 역사는 증언한다. 이단이 문제라면, 교회가 답이다! 오직 교회만이 이단의 본질

을 간파하고, 사건을 예방하는 기능을 가지고 있다."

3. 이방인의 사도

사도 바울이 예루살렘에 올라가서 예루살렘 교회의 유력한 자들에게 자신이 전한 이방인 사역에 대해서 사사로이 설명했다고 해서, 사도 바울이 그들에게 전적으로 의존했다는 것은 아닙니다.

> 6 유력하다는 이들 중에 (본래 어떤 이들이든지 내게 상관이 없으며 하나님은 사람을 외모로 취하지 아니하시나니) 저 유력한 이들은 내게 의무를 더하여 준 것이 없고 갈 2:6

하나님은 사람을 외모로 취하지 않으십니다. 말씀에서는 "유력하다는 이들"이라는 말을 두 번 반복하는데 이것은 그저 사람들의 평가에 불과합니다. 하나님은 사람들의 평가와 상관없이 우리를 평가하시는 분이십니다.

바울이 사람들에게 존경과 인정을 받는 예루살렘 교회 지도자들이라고 해서 그들 앞에서 위축되거나, 그들의 권위에 눌려 할

말을 못하는 일은 없었습니다. 실제로 예루살렘 교회 지도자들도 따로 바울의 사역과 바울이 전하는 복음에 대해 교정하려고 하거나 다른 제안을 하지 않았습니다.

사도 바울의 설명을 듣고 예루살렘 교회의 지도자들은 사도 바울의 사역의 특수성을 잘 이해했습니다.

> 7 도리어 그들은 내가 무할례자에게 복음 전함을 맡은 것이 베드로가 할례자에게 맡음과 같은 것을 보았고 갈 2:7

도리어 예루살렘 교회 지도자들은 이방인들에 대한 바울의 사역을, 유대인들을 향한 베드로의 사역처럼 높이 인정해주었습니다. 드디어 사도 바울의 이방인 사역이 예루살렘 교회의 승인을 받은 것입니다.

사람마다 각자가 맡은 사명이 다릅니다. 바울의 사명은 "무할례자들"(이방인들)에게 복음을 전하는 것이고, 베드로의 사명은 "할례자들"(유대인들)에게 복음을 전하는 것이었습니다.

우리 각자에게 하나님께서 주신 달란트와 사명, 능력과 은사가 각각 다릅니다.

"큰 집에는 금 그릇과 은 그릇뿐 아니라 나무 그릇과 질그릇도 있어 귀하게 쓰는 것도 있고 천하게 쓰는 것도 있나니 그러므로 누구든지 이런 것에서 자기를 깨끗하게 하면 귀히 쓰는 그릇이 되어 거룩하고 주인의 쓰심에 합당하며 모든 선한 일에 준비함이 되리라" 딤후 2:20-21

베드로의 사명과 바울의 사명이 달랐던 것처럼 우리 각자의 사명이 다릅니다. 그러나 사명은 달라도 우리는 주 예수 그리스도 안에서 한 몸을 이루어야 할 것입니다.

> 8 베드로에게 역사하사 그를 할례자의 사도로 삼으신 이가 또한 내게 역사하사 나를 이방인의 사도로 삼으셨느니라 갈 2:8

과거 예루살렘 교회는 베드로가 고넬료의 집에 가서 복음을 전하고 성령충만을 받도록 한 사역조차 이해하지 못하고 비난했었습니다. 그런데 예루살렘 교회가 유대인 선교만큼 바울의 이방인의 선교도 중요한 비중을 차지하고 있다는 것으로 인정한 것은 획기적인 사건이었습니다.

중요한 것은 바울의 사역이나 베드로의 사역 모두 하나님의 뜻에 따라 된 것이라는 점입니다. 베드로를 할례자의 사도로 삼으신 하나님은 바울에게는 이방인의 사도라는 사명을 주셨습니다. 이를 통해 하나님께서는 유대인과 이방인 모두 백성으로 삼고자 하신 것입니다.

결국 바울의 예루살렘 방문은 성공적으로 마무리되었습니다.

> 9 또 기둥 같이 여기는 야고보와 게바와 요한도 내게 주신 은혜를 알므로 나와 바나바에게 친교의 악수를 하였으니 우리는 이방인에게로, 그들은 할례자에게로 가게 하려 함이라 갈 2:9

초대교회의 모체인 예루살렘 교회에는 야고보(예수님의 동생), 게바(베드로), 요한(사도)이라는 세 명의 기둥이 있었습니다. 이들은 바울과의 만남을 통해서 하나님께서 그에게 주신 '은혜', 즉 바울의 이방인 사도로서의 사명을 인정하게 되었습니다. 그래서 그들은 바울과 바나바와 '친교(코이노니아)의 악수'를 나누었습니다. 바울의 이방인 사역에 대해 막힌 담이 무너진 것입니다. 그리스도인들은 믿음에는 단단하고 사랑에는 유연해야 합니다.

종교개혁자 마르틴 루터는 다음과 같이 말했습니다.

"믿음에 관한 한 우리는 무적이어야 하고 또 할 수만 있다면 금강석보다 더 단단해져야 한다. 그러나 사랑을 말할 때 우리는 바람에라도 부러지고 그 어떠한 것에라도 꺾여버리는 갈대보다도 잎사귀보다도 더 유연하고 더 부드럽지 않으면 안 된다!"

바울은 예루살렘 교회의 부탁을 받은 것이 있었습니다.

10 다만 우리에게 가난한 자들을 기억하도록 부탁하였으니
이것은 나도 본래부터 힘써 행하여 왔노라 갈 2:10

예루살렘 교회 지도자들이 바울과 바나바에게 부탁한 것은 예루살렘에 있는 가난한 자들을 기억해달라는 것입니다. 예루살렘 지역은 예로부터 가뭄에 따른 기근으로 고통받았었습니다.

아브라함도 가나안 땅에 기근이 들어 애굽으로 피난을 갔었습니다. 글라우디오 황제 때에도 아가보의 예언대로 천하에 흉년이 들어 안디옥 교회 성도들이 예루살렘에 힘껏 부조를 보냈습니다.

"그 때에 선지자들이 예루살렘에서 안디옥에 이르니 그 중에

아가보라 하는 한 사람이 일어나 성령으로 말하되 천하에 큰 흉년이 들리라 하더니 글라우디오 때에 그렇게 되니라 제자들이 각각 그 힘대로 유대에 사는 형제들에게 부조를 보내기로 작정하고 이를 실행하여 바나바와 사울의 손으로 장로들에게 보내니라" 행 11:27-30

의학과 긍휼의 뿌리는 예수 운동에 있습니다. 또한 사랑과 나눔 실천은 초대교회부터 내려온 전통입니다.

마크 넬슨은 신학자가 아님에도 불구하고 이렇게 말했습니다.

> "예수가 의학과 긍휼에 미친 영향이 무엇이냐고 묻는다면 나는 이렇게 답하겠다. 외로운 사람들의 실제적 복지를 위한 희생적 기관, 학교, 병원, 호스피스, 그리고 평생 보답할 수 없는 아이들을 위한 고아원 등을 볼 때마다 그 뿌리가 예수의 운동에 있다고 보면 될 것이다!"

우리 주변의 가난하고 소외된 자들을 둘러보는 마음, 그것이 하나님이 원하시는 경건의 모습이고 기뻐하시는 제사입니다.

사랑하는 여러분, 하나님은 우리 각 사람을 향한 놀라운 계획과 분명한 뜻을 가지고 계십니다. 일생 동안 오직 하나님의 뜻을 이루어드리는 데 초점을 맞추고 살아가십시오. 결코 사람이나 잘못된 가르침에 흔들리지 말고 주님 한 분만 바라보고, 서로 화목하는 충성된 일꾼으로 살아가시길 축원합니다.

갈라디아서 2장 11-16절

11 게바가 안디옥에 이르렀을 때에 책망 받을 일이 있기로 내가 그를 대면하여 책망
하였노라
12 야고보에게서 온 어떤 이들이 이르기 전에 게바가 이방인과 함께 먹다가 그들이 오
매 그가 할례자들을 두려워하여 떠나 물러가매
13 남은 유대인들도 그와 같이 외식하므로 바나바도 그들의 외식에 유혹되었느니라
14 그러므로 나는 그들이 복음의 진리를 따라 바르게 행하지 아니함을 보고 모든 자 앞
에서 게바에게 이르되 네가 유대인으로서 이방인을 따르고 유대인답게 살지 아니
하면서 어찌하여 억지로 이방인을 유대인답게 살게 하려느냐 하였노라
15 우리는 본래 유대인이요 이방 죄인이 아니로되
16 사람이 의롭게 되는 것은 율법의 행위로 말미암음이 아니요 오직 예수 그리스도를
믿음으로 말미암는 줄 알므로 우리도 그리스도 예수를 믿나니 이는 우리가 율법의
행위로써가 아니고 그리스도를 믿음으로써 의롭다 함을 얻으려 함이라 율법의 행
위로써는 의롭다 함을 얻을 육체가 없느니라

05

복음의 진리

본문 말씀 : 갈라디아서 2장 11-16절

우리는 교회에서, 때로는 세상에서도 수많은 경로를 통해 복음을 접하고 있습니다. 그런데 복음을 대할 때 우리는 주의를 기울여서 복음을 잘 분별할 수 있어야 합니다. 왜냐하면 세상에는 진짜 복음이 있고 가짜 복음이 있기 때문입니다. 복음의 진위를 가리는 것이 쉬울 때도 있지만 대부분 그것을 분별하는 것이 매우 어렵습니다. 특히 세상에서 권위와 영향력을 지닌 사람이 가짜 복음을 제시할 때 우리는 분별하지 않고 받아들이거나, 틀린 줄 알면서도 어쩔 수 없이 그것을 인정할 때가 있습니다.

그러나 복음의 진리는 오직 하나입니다. 아무리 그럴듯하게 포장을 해도 가짜가 진짜가 될 수는 없습니다. 오늘 본문은 사도 바울과 사도 베드로 사이에 있었던 사건을 통해 바울이 복음을 어떻게 분별하고 지켰는지에 대해서 말씀하고 있습니다.

1. 안디옥 사건

안디옥 사건은 사도 바울이 신앙의 대선배인 베드로가 안디옥에서 믿음으로 행하지 않는 모습을 보고 이를 책망한 사건입니다.

> 11 게바가 안디옥에 이르렀을 때에 책망 받을 일이 있기로 내가 그를 대면하여 책망하였노라 갈 2:11

안디옥에는 팔레스타인 지역을 벗어나 이방 지역에 최초로 설립된 교회가 있었습니다. 바울은 베드로가 그 교회에서 행한 어떤 일 때문에 그를 직접 만나 그를 책망했습니다.

> 12 야고보에게서 온 어떤 이들이 이르기 전에 게바가 이방인과 함께 먹다가 그들이 오매 그가 할례자들을 두려워하여 떠나 물러가매 갈 2:12

안디옥 교회는 '이방인의 사도'인 바울의 선교기지였습니다. 따라서 교회 구성원의 대다수가 이방인 그리스도인들이었습니다. 베드로는 이곳을 방문하여 처음에는 유대인이라는 혈통과 상관없이 이방인 그리스도인들과 아무런 문제없이 교제를 나눴고, 물론 함께 식사도 했었습니다.

그러나 예루살렘에서 야고보(예수님의 형제)의 보냄을 받은 몇몇 사람들이 안디옥에 오자, 베드로는 이방인 그리스도인들과 함께 식사를 하다가 중단하고 슬그머니 자리를 피했습니다.

왜냐하면 베드로는 예루살렘에서 온 유대인 그리스도인들에게(할례파들) 자신이 이방인 그리스도인들과 함께 식사하는 모습을 보이고 싶지 않았기 때문입니다. 할례파 그리스도인들은 베드로가 성령의 명령을 따라 이방인 고넬료의 집에 들어가서 말씀을 전한 것을 놓고도 베드로를 비난했던 사람들이었습니다.

"유대에 있는 사도들과 형제들이 이방인들도 하나님의 말씀을 받았다 함을 들었더니 베드로가 예루살렘에 올라갔을 때에 할례자들이 비난하여 이르되 네가 무할례자의 집에 들어가 함께 먹었다 하니" 행 11:1-3

율법 중에는 이방인과의 식사를 금하는 조항이 있었기 때문에 본래 유대인들은 이방인과 함께 식사를 하지 않았습니다. 유대인들에게는 모세의 율법에 근거한 엄격한 음식법이 있었습니다. 이를 '코셔(Kosher) 음식법'이라고 부릅니다.

대부분의 유대인들은 모세의 율법이 정한 대로 먹어도 되는 정결한 음식(코셔)과 먹어서는 안 되는 부정한 음식(비코셔)을 철저히 구분했습니다. 음식 규정은 레위기 11장, 신명기 14:3-20에 구체적으로 명시되어있습니다.

지금도 유대인들은 엄격히 이 규정을 지키는데, 예를 들면 돼지고기를 부정한 음식으로 여기고 먹지 않습니다. 반면에 이방인들은 이런 규정을 지키지 않았기 때문에, 코셔를 지키는 유대인은 결코 그들과 식사할 수가 없었습니다.

그런데 예루살렘에서 온 유대인 그리스도인들은 여전히 이 음식 규정을 지켜야 한다고 주장하는 이들이었기 때문에, 유대인인 베드로가 이방인들과 함께 식사하는 것에 강한 거부감과 불쾌감을 나타낼 수 있었습니다.

그래서 그들이 오자, 베드로는 이방인 그리스도인들과 식사를 하다가 그 자리를 떠났던 것입니다. 베드로는 순간 모든 사람들을 율법이 아닌, 믿음으로 구원받는다는 복음의 진리를 멀리했던 것입니다.

문제는 베드로가 교회에 미치는 영향력이 막대했다는 데에 있습니다. 그는 영향력이 큰 지도자였기 때문에 그의 이러한 행동은 '도미노 효과'처럼 다른 유대인들에게도 전염되었습니다.

> 13 남은 유대인들도 그와 같이 외식하므로 바나바도 그들의 외식에 유혹되었느니라 갈 2:13

바울은 베드로의 행동이 외식, 곧 위선이라고 책망했습니다. 베드로는 인간의 어떤 행위나 노력, 즉 할례를 받거나 음식법을 포함한 모세 율법을 지키는 것과 구원받는 것 사이에는 아무런 상관관계가 없다는 것을 누구보다도 잘 이해하고 있었던 사람이었습니다.

그럼에도 불구하고 베드로는 아직 구원의 진리를 충분히 삶에 적용하지 못하는 유대인 그리스도인들을 의식해, 자신이 음식법을 지키고 있으며, 음식법을 지키기 위해 이방인 그리스도인들과 함께 식사하지 않는 것처럼 보이려고 했던 것입니다.

그로 인해 다른 유대인 그리스도인들에게는 복음의 진리에 혼란을 주어 함께 위선에 빠지게 만들었고, 이방인 그리스도인에게 역시 혼란과 상처를 주었습니다.

그래서 사도 바울은 게바(베드로)와 바나바 및 유대인 형제들에게 따끔한 충고의 말을 한 것입니다.

14 그러므로 나는 그들이 복음의 진리를 따라 바르게 행하
지 아니함을 보고 모든 자 앞에서 게바에게 이르되 네가
유대인으로서 이방인을 따르고 유대인답게 살지 아니하
면서 어찌하여 억지로 이방인을 유대인답게 살게 하려느
냐 하였노라 갈 2:14

바울이 게바(베드로)를 비롯한 외식한 유대인들에게 책망한 것은 이것이었습니다. 예루살렘의 할례자들이 오기 전까지는 이방인들과 자유롭게 식사를 함으로써 예수 그리스도의 십자가로 인해 유대인과 이방인의 벽이 허물어졌음을 행동으로 보여주었던 게바 일행이, 할례자들이 오자 슬그머니 그 자리를 피한 것은 복음 이전의 삶으로 되돌아간 것과 다를 바가 없다는 것입니다.

우리는 하나님의 시선을 의식하고, 주님의 종으로 살아야 합니다. 사람의 시선을 의식해 우리가 믿는 복음의 진리와 다른 삶을 살아서는 안 됩니다.

그리스도인들은 복음의 진리를 따라 바르게 행해야 합니다. 복음의 진리를 모르는 사람들의 편견에 복종하면, 우리는 사람의 종이 되고 마는 것입니다.

존 스토트 목사님은 이렇게 말합니다.

"문제가 사소할 때는 가능한 한 융통성을 발휘해야 한다. 하지만 '복음의 진리'가 걸렸을 때는 확고해야 한다. 우리는 바울이 베드로를 면전에서 저항한 것에 대해, 기독교가 아리우스를 받아들였을 때 홀로 온 세상과 저항한 아타나시우스에 대해 그리고 교황권에 도전했던 루터에 대해 하나님께 감사한다. 오늘날 이렇게 위대한 인물들은 어디 있는가? 현대 교회에는 시끄러운 의견을 내는 압력 집단들이 많이 있다. 우리는 두려움으로 그들에게 복종해서는 안 된다. 그들이 '복음의 진리'를 반대한다면, 우리는 주저 없이 그들을 반대해야 한다!"

"이제 내가 사람들에게 좋게 하랴 하나님께 좋게 하랴 사람들에게 기쁨을 구하랴 내가 지금까지 사람들의 기쁨을 구하였다면 그리스도의 종이 아니니라" 갈 1:10

우리도 세상의 편견에 동조하여 복음의 진리를 가리는 행동을 할 때가 있습니다. 특히 비행청소년들은 가정, 학교, 사회는 물론, 기존 교회에서도 편견으로 인해 쉽게 품어주지 못했습니다. 그런데 그들을 아무런 선입견 없이 아버지처럼, 큰형처럼 품고 돌보는 양떼('양아치 떼거리'의 준말) 커뮤니티의 대표 이요셉 전도사님이 계십니다.

이요셉 전도사님이 교회에서 사역하고 있을 때 어느 새벽, 교회에서 갑자기 연락이 왔습니다.

"빨리 본당에 가서 아이들을 쫓아내세요."

달려가 보니, 예배당이 난장판이 되어있었습니다. 술병이 굴러다니고 있었고, 소위 비행청소년들이 술에 취해 잠들어있었습니다. 당장은 쫓아냈지만, 갈 데가 없는 아이들은 그 뒤에도 계속 문을 따고 예배당으로 들어왔습니다.

그런데 자꾸 쫓다보니, 정도 들고 애들이 불쌍해 보이기 시작했습니다. 그래서 아이들에게 밥을 사주며 대화를 나누었는데 '이 친구들에게도 복음이 필요하구나!'라는 생각이 들기 시작했습니다. 그래서 그들을 청소년부 예배에 초대했습니다. 그런데 그 아이들만 나오는 것이 아니라, 친구들까지 데리고 나오면서 청소년부가 급격하게 늘어나게 되었습니다.

좋은 점만 있었던 것은 아니었습니다. 이 아이들이 기존 아이들과 융화가 안 되었던 것입니다. 그래서 토요일 저녁 7시에 따로 '양떼 예배'를 시작했습니다. 처음에 11명이었던 인원이 2-3개월 만에 90명으로 늘어났습니다.

하지만 이들을 바라보는 편견의 시선들 때문에 교회와 갈등이 생기게 되었습니다. 결국 한 장로님의 "니가 나갈래, 아이들을 내

보낼래?"라는 말에 교회를 사임할 수밖에 없었습니다. 이것이 이요셉 전도사가 양떼 커뮤니티를 설립하게 된 계기였습니다.

처음에는 이들과 함께 예배할 수 있는 공간을 찾는 것도 매우 힘이 들었습니다. 겨우 역삼동에 있는 한 교회에서 1년 반 동안 사역하다가 현재는 대방중앙교회의 도움으로 토요 예배 처소를 마련했습니다.

물론 어려움도 많았습니다. 아이들이 변화되는 모습에 감동하기도 하지만, 뒤통수도 맞고 배신도 여러 번 당했습니다. 밥값, 간식값만 매주 백만원이 넘는 등의 재정적인 압박도 견디기 힘들었습니다. '조직을 만드는 것이냐', 아니면 '술집 포주냐' 하는 오해도 많이 받았습니다. 그래서 당장에라도 그만두고 싶은 마음도 많았습니다.

그런데 하루는 아이들이 사고를 쳐서 경찰서에 불려갔습니다. 자신은 죄인처럼 대신 용서를 비는데 형사들과 욕하고 다투며 떳떳하게 걸어가는 아이들의 모습에 마음이 상했습니다.

너무 속상해서 눈물 흘리며 하나님께 "하나님, 위기청소년 사역 안 하고 싶습니다!"라고 기도했습니다.

그때 마음 가운데 주님이 "네가 죄를 짓고 떳떳할 때 죄 없던 내가 너를 위해서 빌었고, 내가 너를 위해서 십자가를 졌다!"라고 말씀하셨습니다. 그날 이후 아이들을 만나러 갈 때마다 이렇게 기도했습니다.

"하나님, 제가 예수님 대신해서 이 친구들 만나러 갑니다. 이 친구들이 저를 만날 때 주님을 만나게 해주세요!"

그러자 하나님께서 도와주시고 부흥하게 해주셔서 현재는 지역별로 1, 2, 3부로 나누어 모임을 운영하고 있습니다. 요즘은 동성애 부서를 조직해서 청소년 성소수자를 만나 식사도 하며 고민을 들어주는 사역도 하고 소년원 사역도 시작했습니다.

감사하게도, 일자리를 구해서 후원금을 보내오는 아이도 생겨났고 이 아이들 중 2명이나 신학교에 진학하여 양떼 커뮤니티 사역을 하기 원하고 있습니다. 상상할 수 없었던 열매가 맺히는 걸 보며 그는 이렇게 고백합니다.

> "청소년 사역은 배신과 회심의 연속입니다. 처음에는 정말 많이 무너졌어요. 하지만 지금은 편해졌습니다. 양떼의 목자는 주님이시고 저는 양치기 개에 불과하니까요. 예수님께서 소망 없는 제자들에게 무조건적으로 사랑을 베푸셨듯이, 저도 아이들에게 소망을 갖고 앞으로도 맡겨진 영혼을 위한 노력을 쏟아부을 겁니다!"

3. 의롭게 되는 길

이제 바울은 하나님 앞에서 의롭게 되는 길이 결코 율법의 행위로써가 아니라 오직 믿음으로 말미암는다는 '이신칭의의 복음'에 대해 분명히 선포합니다.

15 우리는 본래 유대인이요 이방 죄인이 아니로되 갈 2:15

유대인들은 사람을 하나님의 선민인 '유대인'과 하나님의 구원에서 제외된 모든 '이방인'으로 구분합니다.

그래서 '이방 죄인'이라는 표현은 이방인이라는 말 자체가 하나님을 믿지 않고 구약의 율법도 지키지 않으며 죄에 빠져 사는 사람들이라는 의미입니다. 그러나 바울은 율법의 행위가 아니라 오직 예수님을 믿는 믿음으로 말미암아 의롭게 된다는 것을 확언합니다.

16 사람이 의롭게 되는 것은 율법의 행위로 말미암음이 아니요 오직 예수 그리스도를 믿음으로 말미암는 줄 알므로 우리도 그리스도 예수를 믿나니 이는 우리가 율법의 행위로써가 아니고 그리스도를 믿음으로써 의롭다 함을 얻으

려 함이라 율법의 행위로써는 의롭다 함을 얻을 육체가 없느니라 갈 2:16

사람이 의롭게 되는 것, 곧 칭의는 율법이 요구하는 바를 지킴으로써 획득할 수 있는 것이 아닙니다. 이신칭의(以信稱義), 오직 예수 그리스도를 믿음으로써만이 하나님 앞에 의롭다 함을 받을 수 있습니다. 바울은 이 '이신칭의'가 가장 근본적인 진리임을 강조하기 위해 16절에서 '율법의 행위로 의롭게 되지 않고 믿음으로 된다'는 말을 세 번씩이나 반복한 것입니다.

이는 그들이 '이방 죄인'이라고 부르는 사람들뿐만 아니라, 유대인들도 마찬가지입니다. 그들은 하나님께 선택받은 민족, 율법을 수여받은 민족이었지만, 율법을 통해 하나님이 원하시는 기준을 충족시키지 못했습니다. 왜냐하면 그들 역시 이방인들과 마찬가지로 죄 아래 있었기 때문입니다.

"모든 사람이 죄를 범하였으매 하나님의 영광에 이르지 못하더니" 롬 3:23

칭의, 곧 하나님이 의롭게 여기시는 자는 율법적, 도덕적, 윤리적으로 완벽한 사람이 아닙니다. "나는 아무것도 아닙니다. 나는 그저 죄인일 뿐입니다. 오직 주님만이 나의 모든 것, 나의 구주가 되십니다." 이와 같이 고백하며 하나님 앞에 나아가는 사람을 하나님께서 의롭다 여겨주시는 것입니다.

맥스 루케이도 목사님은『하나님의 가장 완벽한 선물, 은혜』에서 다음과 같이 말했습니다.

> "은혜는 하나님이 주시는 선물이다. 먼저 사랑을 받을 수 있게 하여 사랑할 수 있게 하는 은혜, 우리를 빚어 변화를 일으키고 영원한 생명으로 인도하는 은혜. 당신은 은혜를 아는가? 은혜를 믿는가? 하나님이 우리에게 바라시는 것은 믿음뿐이다. 하나님을 믿으라. 그리고 하나님의 은혜로 성장하라. 은혜는 임했던 게 아니다. 은혜는 지금 이곳에 임한다."

사랑하는 성도 여러분, 세상 그 누구라도 자신의 행위로 하나님 앞에서 떳떳할 수 있는 사람은 아무도 없습니다. 스스로의 의로 구원을 얻어낼 사람도 없습니다. 하나님 앞에 겸손하게 엎드리고 십자가를 의지해 은혜를 받은 사람만이 구원을 선물로 받게 되는 것입니다. 또한 하나님이 우리에게 주시는 모든 축복과 형통 역시 믿음으로 말미암는 은혜의 선물입니다. 그러므로 우리가 하나님 앞에서 가져야 할 태도는 감사와 찬양밖에 없습니다.

PART 2

오직 믿음으로 말미암는 의

갈라디아서 2장 17절 - 3장 5절

17 만일 우리가 그리스도 안에서 의롭게 되려 하다가 죄인으로 드러나면 그리스도께
서 죄를 짓게 하는 자냐 결코 그럴 수 없느니라
18 만일 내가 헐었던 것을 다시 세우면 내가 나를 범법한 자로 만드는 것이라
19 내가 율법으로 말미암아 율법에 대하여 죽었나니 이는 하나님에 대하여 살려 함
이라
20 내가 그리스도와 함께 십자가에 못 박혔나니 그런즉 이제는 내가 사는 것이 아니
요 오직 내 안에 그리스도께서 사시는 것이라 이제 내가 육체 가운데 사는 것은 나
를 사랑하사 나를 위하여 자기 자신을 버리신 하나님의 아들을 믿는 믿음 안에서
사는 것이라
21 내가 하나님의 은혜를 폐하지 아니하노니 만일 의롭게 되는 것이 율법으로 말미암
으면 그리스도께서 헛되이 죽으셨느니라

1 어리석도다 갈라디아 사람들아 예수 그리스도께서 십자가에 못 박히신 것이 너희
눈 앞에 밝히 보이거늘 누가 너희를 꾀더냐
2 내가 너희에게서 다만 이것을 알려 하노니 너희가 성령을 받은 것이 율법의 행위로
냐 혹은 듣고 믿음으로냐
3 너희가 이같이 어리석으냐 성령으로 시작하였다가 이제는 육체로 마치겠느냐
4 너희가 이같이 많은 괴로움을 헛되이 받았느냐 과연 헛되냐
5 너희에게 성령을 주시고 너희 가운데서 능력을 행하시는 이의 일이 율법의 행위에
서냐 혹은 듣고 믿음에서냐

06

내 안에 사시는 그리스도

본문 말씀 : 갈라디아서 2장 17절 - 3장 5절

우리가 예수 그리스도를 믿기만 하면 하나님께 의롭다 함을 받게 됩니다. 이것이 바로 사도 바울이 로마서와 갈라디아서에서 강조하는 '이신칭의'의 은혜입니다.

우리가 의롭다 함을 받아 그리스도인이 되면, 우리의 옛 사람은 예수 그리스도와 함께 십자가에 못 박혀 죽고, 새사람이 그리스도와 함께 살아나게 됩니다. 그렇게 되면 내 안에 더 이상 내가 사는 것이 아니라 그리스도께서 사시게 됩니다. 그리하여 작은 예수의 삶을 살게 됩니다.

그런데 이를 가능케 하시는 분이 바로 성령님이십니다. 우리가 성령충만을 받게 될 때 작은 예수의 삶을 살게 됩니다.

1. 죄와 율법에 대해 죽은 우리

사도 바울은 베드로가 이방인과 식사하다가 자리를 피하게 만든 음식법과 같은 모세의 율법이 왜 구원과 무관한 것인지를 설명합니다.

> 17 만일 우리가 그리스도 안에서 의롭게 되려 하다가 죄인으로 드러나면 그리스도께서 죄를 짓게 하는 자냐 결코 그럴 수 없느니라 갈 2:17

사도 바울의 '예수 그리스도를 믿는 믿음으로 의롭다 함을 받는다'는 이신칭의의 복음은 그의 반대자들로부터 율법폐기론자라는 비난을 받는 근거가 되기도 했습니다.

이 말은 '우리가 오직 믿음으로 구원받은 결과, 율법을 소홀이 함으로써 이방 죄인들과 다를 바 없는 상태가 된다면, 즉 죄인으로 드러난다면, 그리스도께서 죄를 짓게 하신 것인가?'라는 말입니다.

이에 대한 바울의 대답은 특유의 강한 부정입니다. 그는 "결코 그럴 수는 없느니라!"라고 말합니다.

예수 그리스도의 은혜로 말미암아 믿음으로 의롭다 함을 받았다면, 다시 과거로 돌아가 율법의 행위에 의지하지 말아야 합니다.

> 18 만일 내가 헐었던 것을 다시 세우면 내가 나를 범법한 자로 만드는 것이라 갈 2:18

'안디옥 사건'을 예로 들어보겠습니다. 만약 바울이 베드로가 외식했던 것처럼 구약 음식 규정을 지키기 위해 이방인과의 식탁 교제를 중단한다면, 그가 헐었던 것을 다시 세우는 결과가 되었을 것입니다. 즉 오직 믿음으로 의롭다 함을 얻는다는 믿음을 저버리고, 음식 규정을 지키는 율법의 행위에 다시금 의지하는 것이 되는 것입니다.

바울은 의롭게 되는 것이 율법의 행위로 말미암는 것이 아니라 오직 예수님을 믿는 믿음으로써 되는 것을 믿었기 때문에, 이방인들과 식탁 교제를 나누지 못할 이유가 없었습니다

율법주의는 '허문 옛 집 다시 세우는' 격입니다. 그래서 바울은 율법주의를 건축에 비유해 설명한 것입니다.

예수전도단 성경연구학교에서 사역하고 있는 론 스미스, 롭 페

너 선교사님 역시 이 구절을 이렇게 설명합니다.

> "어떤 큰 부자가 당신에게 땅 몇 평을 주고는 이곳에 있는 낡고 오래된 오막살이를 헐고 그 자리에 대신 멋진 집을 지어 들어가 살라고 한다. 그런데 당신은 이 새 집에서 며칠 살더니 그 전 오막살이에서 사는 게 낫겠다고 생각한다. 그래서 그 부서진 오막살이 조각을 주워 모아 그곳에 전처럼 도로 오막살이를 세운다! 갈라디아 교회는 다시 그리스도 중심이 아닌 다른 것을 강조함으로써 '그들의 낡은 오막살이'를 다시 짓는다. 이것은 하나님께 죄로 간주된다. 인간의 의지력이나 인간의 선함으로는 하나님께 영생을 받을 수 없다. 오로지 그리스도께서 매달리신 십자가만이 그 유일한 답이다!"

바울은 이에서 더 나아가 은혜 가운데 사는 자는 율법에 대해 죽었다고 표현합니다.

> 19 내가 율법으로 말미암아 율법에 대하여 죽었나니 이는 하나님에 대하여 살려 함이라 갈 2:19

'우리가 율법에 대해서 죽었다'는 말은 우리 그리스도인들은 율법과 아무런 상관이 없다는 말입니다. 즉 율법이 아무런 영향을 미치지 못한다는 의미이지요. 바울은 로마서에서도 우리가 믿음으로 말미암아 의롭다 함을 얻으면 율법에 대해서 죽임을 당했다는 사실을 강조하고 있습니다.

우리가 율법에 대해서 죽음으로써 하나님에 대하여 살 수 있는 길이 열리게 된 것입니다. 율법의 시대는 지나가고 새 시대가 열렸습니다. 그래서 좋으신 하나님과 동행하며 살 수 있게 된 것입니다.

2. 구주와 함께 십자가에 못 박힘

바울은 이신칭의의 복음을 정리하면서 한평생 신앙고백이 될 말씀을 남겼습니다.

> 20 내가 그리스도와 함께 십자가에 못 박혔나니 그런즉 이제는 내가 사는 것이 아니요 오직 내 안에 그리스도께서 사시는 것이라 이제 내가 육체 가운데 사는 것은 나를 사랑하사 나를 위하여 자기 자신을 버리신 하나님의 아들을 믿는

믿음 안에서 사는 것이라 갈 2:20

예수 그리스도를 믿음으로 영접하는 순간, 우리는 그리스도와 함께 십자가에 못 박힌 상태가 되었습니다. 다시 말해 우리의 옛 사람이 십자가에 못 박혀 죽임을 당했다는 것입니다.

이신칭의의 복음은 자신의 힘과 노력으로 하나님의 기준에 맞는 인간이 되라고 말하지 않습니다. 예수님을 믿는 자에게 옛 사람이 죽는 존재적인 변화를 가져다줍니다.

"그리스도 예수의 사람들은 육체와 함께 그 정욕과 탐심을 십자가에 못 박았느니라" 갈 5:24

그렇게 되면 이제부터 내 안에 내가 아니라, 그리스도 예수께서 사시게 되는 것입니다.

갈라디아서 2장 20절에는 4가지의 중요한 내용이 나오는데, 다음과 같습니다.

1) 십자가에 못 박히는 신앙
2) 그리스도께서 내 삶의 주인이 되셔서 사시는 신앙
3) 그리스도의 사랑 안에서 사는 신앙

4) 믿음으로 사는 신앙

유명한 복음주의 신학자 제임스 패커 교수는 다음과 같이 말합니다.

> "'그리스도와 함께 십자가에 못 박혔다'는 것은 그분의 죽음과 부활에 연합되었다는 것이다. 그러므로 나의 옛 자아는 그리스도와 함께 십자가에 못 박혔으며, 나는 그분과 함께 새 생명으로 부활했다. 나는 내면이 변화된 사람으로서 이제 십자가에 못 박히고 부활한 사람답게 살아야 한다. 다시 말해서, 나는 욕심으로 가득한 육체를 부정하고, 날마다 하나님과 함께 사는 기쁨 속으로 들어가야 한다. 이것이 바로 그리스도와 함께 십자가에 못 박혔다는 말의 의미이다!"

이처럼 내 안에 그리스도가 사시게 될 때 우리는 비로소 우리의 삶을 통해서, 우리의 영 · 혼 · 육을 통해서 예수 그리스도가 나타나시도록 할 수 있게 되어 작은 예수의 삶을 살아갈 수 있게 됩니다.

죄 가운데 살다가 죄 가운데 죽을 수밖에 없었던 인간, 어떠한 노력으로도 하나님께 의롭다 함을 받을 수 없는 인간이 그리스도의 성전이 되어 그리스도와 함께 살게 되는 놀라운 은혜를 받았습니다.

그런데 중요한 것은 그리스도께서 우리 안에 거하시는 새사람으로 살아가는 삶 역시 믿음으로 사는 삶이라는 것입니다. 즉 이신칭의의 복음을 통해 구원에 이른 삶은 믿음으로 시작해서 믿음으로 살며 믿음으로 결론이 나는 삶입니다.

그리스도인의 삶은 나를 사랑하사 나를 위하여 십자가에서 죽으신 하나님의 아들 예수 그리스도를 믿는 믿음으로 사는 삶입니다.

바울은 이 모든 것이 전적인 하나님의 은혜임을 고백합니다.

> 21 내가 하나님의 은혜를 폐하지 아니하노니 만일 의롭게 되는 것이 율법으로 말미암으면 그리스도께서 헛되이 죽으셨느니라 갈 2:21

'내가 하나님의 은혜를 폐하지 아니하노니'라는 말은 이신칭의의 진리를 저버리고 다시금 옛 방법, 즉 율법의 행위에 의지하는 어리석음을 저지르지 않겠다는 선언입니다. 바울은 율법의 행위가 아니라 이신칭의의 복음이야말로 우리를 구원으로 인도해주는 근본적인 원리임을 다시 한번 강조합니다.

우리 인간이 해야 할 일은 예수 그리스도의 십자가 사랑과 희생을 믿음으로 받아들이는 것입니다. 따라서 율법을 통해서 의롭다 함을 받을 수 있다고 말한다면, 그것은 예수님의 십자가 대속의 죽음이 헛된 것이라고 말하는 것과 같은 것입니다.

우리의 신앙은 오직 예수 중심, 십자가 중심이 되어야 합니다. 예수님만 바라보고, 옛 사람이 십자가에 이미 못 박힌 것을 믿고, 십자가만 붙들고 나아갈 때 승리가 다가옵니다.

3. 육체로 마치려는 갈라디아인들

바울은 할례와 율법을 강조하는 갈라디아의 거짓 교사들의 속임수에 넘어간 갈라디아 교인들을 준엄하게 책망합니다.

> 1 어리석도다 갈라디아 사람들아 예수 그리스도께서 십자가에 못 박히신 것이 너희 눈 앞에 밝히 보이거늘 누가 너희를 꾀더냐 갈 3:1

바울은 갈라디아 교회 성도들의 어리석음을 지적합니다. 이 어리석음은 단지 지식이나 지혜의 부족함이 아니라 영적 분별력이 없음을 지적한 것입니다.

즉 거짓 교사들의 미혹은 마치 이교의 마술사들이 눈속임을 하며 사람들의 생각을 혼란시킨 것과 같고, 갈라디아 교회 성도들은 영적 분별력이 없어 그런 속임수에 넘어갔다는 말입니다.

크리스천은 진리와 거짓, 의와 불의를 분별할 줄 알아야 합니다. 하나님이 기뻐하시는 선한 것이 무엇인지 잘 알고 최선을 다하며, 하나님이 싫어하시는 악한 것 역시 무엇인지 잘 알고 멀리할 줄 알아야 합니다.

그런데 이러한 영적 분별력은 영적 건강함에서 나옵니다. 영적으로 건강할 때 영적 분별력을 가질 수 있습니다. 이단이 교회에 침투해 접근하는 대상이 바로 영적으로 병든 사람입니다. 영적으로 병든 사람의 특징은 감사와 찬송이 메마르고, 말씀과 기도가 부족하다는 것입니다. 그래서 원망 불평이 많고, 이단들의 교리가 무엇이 잘못되었는지 분별하지 못합니다.

바울은 이어서 갈라디아 교인들이 경험한 성령의 임재와 역사에 대해 물었습니다.

> 2 내가 너희에게서 다만 이것을 알려 하노니 너희가 성령을 받은 것이 율법의 행위로냐 혹은 듣고 믿음으로냐 갈 3:2

성령의 역사는 새 시대의 언약인 복음을 듣고 예수 그리스도를 믿음으로 말미암아 임하는 초월적인 역사입니다. 특히 성령 시대의 특징은 믿음 안에서의 자유입니다.

"너희가 만일 성령의 인도하시는 바가 되면 율법 아래에 있지 아니하리라" 갈 5:18

그럼에도 불구하고 성령을 의지하지 않고, 율법을 지키고 할례를 받는 것으로 구원의 확신을 얻으려고 하거나 신앙생활의 안정감을 얻으려고 하는 것은 자기 자신 곧 육신을 의지하는 것입니다.

3 너희가 이같이 어리석으냐 성령으로 시작하였다가 이제는 육체로 마치겠느냐 갈 3:3

신앙생활에 후퇴란 있을 수 없습니다. 오직 믿음의 전진만이 있을 뿐입니다(히 10:39). 그런데 갈라디아 교인들은 후퇴의 모습을 보이는 치명적인 실수를 했습니다. 성령으로 시작했다가 육체로 마치는 길로 가고 있었던 것입니다.

믿음으로 말미암아 경험하게 된 성령의 거듭나게 하심과 자유하게 하신 그 은혜의 길을 떠나, 인간의 노력과 행위를 의지하는 길로 가고자 한 것입니다. 십자가 중심의 신앙, 성령충만의 신앙이 아닌 인본주의적 신앙에는 실패와 좌절만이 기다리고 있을 뿐입니다.

그런데 바울이 '육체로 마치겠느냐'라고 말한 모습의 내용은 거짓 교사들의 속임수에 넘어가 할례를 받고 율법을 지킴으로써 구원의 안정성을 확보하려는 노력이었습니다.

특히 거짓 교사들은 할례를 받는 것이 구원의 완성이라고 주장했습니다. 바울은 이러한 육체의 일이 성령의 인도함을 받지 않는 세상적인 사람들의 모습이라고 지적했습니다. 그리고 그 결말은 하나님의 나라를 유업으로 받지 못하는 안타까운 것이었습니다.

바울은 인간의 행위나 노력을 의지해 구원의 안정성을 확보하려는 모습이 바로 이러한 죄악된 모습과도 같다고 주장했습니다. 따라서 그러한 인본주의적 신앙은 결코 하나님의 나라를 유업으로 받을 수 없습니다.

우리가 여기서 알아야 할 중요한 것은 신앙의 위험 요소가 단지 세상의 죄와 유혹과 같은 외부적인 요소만이 아니라는 점입니다.

세상의 죄와 유혹만큼이나 위험한 것이 내부에서 진리를 왜곡하는 것입니다. 또한 예수를 믿고 성령충만을 사모한다고 하면서도 자기 의, 자기 공로를 주장하고 의지하려는 모습이 더욱 심각한 신앙의 위험 요소입니다.

브라질 아마존에서 22년 동안 인디오들에게 복음을 전하다 2013년 천국 가신 허운석 선교사님의 유작 『내가 왕바리새인입니다』에 실린 간증의 내용입니다.

선교사님은 남편 김철기 선교사님과 함께 6년간 농촌 교회를 섬기다가 1991년, 브라질 아마존에 파송받으셨습니다. 그리고 누구보다 아마존 인디오들을 사랑하는 마음으로 22년 동안, 17동 규모의 신학교를 세웠으며, 1000여 명의 졸업생과 50여 명의 목사를 배출하고 4개의 교회를 설립하셨습니다.

또한 매년 국내외 의사들을 동원하여 카누와 소형보트를 타고 의료혜택을 받지 못하는 깊은 밀림에 사는 인디오를 방문하여 2,500여 명에게 의료혜택을 받을 수 있도록 도와주었습니다.

22년 동안 사역을 하면서 어려움도 많이 겪으셨습니다. 인디오가 독이 든 음식을 주어 사경을 헤매기도 하고, 온 가족이 독충에 물려 온몸에 피와 고름, 진물이 흐른 적도 있었습니다. 이처럼 괴로워하는 자녀들을 볼 때마다 선교사님의 마음이 찢어지는 고통을 느끼기도 했습니다.

그 모든 노고를 인정받아 선교사님은 2012년에 언더우드선교상을 수상하셨습니다. 또한 아마존의 '썽가브리에우 다 까쇼에이라' 시청에서는 2014년에 시의회의 만장일치로 도시의 큰 도로를 후치(허운석 선교사의 브라질 이름) 선교사의 길로 명명하기도 했습니다.

그런데 안타깝게도 2006년, 선교사님은 폐암 진단과 함께 암 수술을 받으셨습니다. 그때 의사는 5년 동안은 아마존으로 돌아가지 말라고 당부를 했지만 아픈 몸을 이끌고 아마존으로 돌아가 사역하다가 2010년 말기 암 판정을 받고, 3년 동안 투병하다가 2013년 주님의 부르심을 받으셨습니다.

이렇게 죽기까지 수고하셨음에도 선교사님은 『내가 왕바리새인입니다』에서 자신을 두더지에 비유하며 이렇게 고백하셨습니다.

"옛날 학교 앞 문방구에 '두더지 잡기'라는 오락기가 있었습니다. 그 두더지 모습이 꼭 나 같습니다. 나를 드러내고 싶어 끊임없이 고개를 내미는 것입니다. 그러면 하나님은 '너는 들어가라.'고 하시면서 몽둥이로 징계하십니다. 그런데 그렇게 두들겨 맞는 것이 내게는 즐거움입니다. 그렇게 두들겨 패서라도 나를 언약 백성으로 만들고 싶어 하시는 하나님의 본심을 알기 때문입니다. 두더지처럼 내가 적나

라하게 벌거벗겨져야, 회개하고 하나님께 돌아올 수 있습니다. 나의 모난 것이 깎이고 다듬어져야, 성숙해질 수 있습니다!"

또 '자기 의가 나타날 땐 십자가로 달려가라'며 이렇게 고백하셨습니다.

"일터나 가정에서 혹은 교회에서 '내가 이만큼 인내심을 보이고 헌신했으니 이제 나를 인정해주겠지.'라고 생각했지만, 돌아오는 대가가 없을 때가 있습니다. 그러면 눈에 힘이 들어가고, 입에서 거친 말이 폭포수처럼 쏟아져 나옵니다. 이때 얼른 십자가로 달려가야 합니다! '주님, 내 육신을 장사지내주시고, 새 생명으로 나게 해주세요!' 이렇게 날마다 십자가 앞에 엎드려 내가 죽어야 하는 겁니다. 하나님은 복을 주시기 전에 먼저 십자가를 지게 하십니다. 십자가 안에서 나의 탐심과 이기심과 교만을 깨뜨리고 제거해서, 그 심령 가운데 성령이 임하신 뒤에 복을 주십니다. 그러므로 '십자가가 곧 응답이고 축복'입니다!"

바울은 다시 한번 그들의 경험에 호소했습니다.

4 너희가 이같이 많은 괴로움을 헛되이 받았느냐 과연 헛되냐 갈 3:4

그들은 기독교 신앙을 가짐으로써 박해의 상황 가운데 놓여 있었습니다. 당시 기독교는 오늘날처럼 세계 3대 종교의 위치에 있지 않았습니다. 오히려 기독교는 핍박을 받는 소수 종교였습니다.

기독교 신앙을 갖는 사람들은 언제라도 목숨을 내놓을 것과 사회적으로 많은 것을 잃어버릴 각오를 해야 했습니다.

갈라디아 교인들은 이러한 많은 고난을 감수하면서 예수를 믿고자 했는데, 거짓 교사들의 꼬임에 넘어가 육체의 일로 신앙을 끝내는 어리석은 길을 걸어가고 있었던 것입니다.

바울은 갈라디아 교인들이 경험한 기적의 역사도 언급했습니다.

5 너희에게 성령을 주시고 너희 가운데서 능력을 행하시는 이의 일이 율법의 행위에서냐 혹은 듣고 믿음에서냐 갈 3:5

갈라디아 교인들이 어떠한 기적의 역사를 경험했는지 나와있지 않지만, 분명 바울이 가는 곳마다 성령의 놀라운 역사가 나타났습니다(행 19:11-12).

갈라디아 교인들이 이러한 기적을 경험한 것은 할례를 받아서가 아니었습니다. 그들이 경험한 기적은 할례를 받는 것과는 무관한 성령의 역사였습니다. 할례를 백 번을 받아도 경험할 수 없는 것이었습니다.

왜냐하면 성령이 베푸시는 초월적인 기적의 역사는 오직 복음을 듣고 예수 그리스도를 믿음으로 말미암아 의롭다 함을 받은 사람에게만 주어지는 은혜의 역사이기 때문입니다.

사랑하는 성도 여러분, 우리가 일생 동안 믿고 의지할 분은 오직 한 분 예수 그리스도뿐입니다. 또한 승리하는 신앙생활, 날마다 전진하는 신앙생활을 위해서는 어떠한 경우에도 자기 의, 자기 공로를 내세우는 내 중심의 신앙으로 퇴보해서는 안 됩니다. 첫째도 성령충만, 둘째도 성령충만, 셋째도 성령충만입니다. 믿음으로 받은 구원의 은혜를 성령님과 동행해서 천국에 가는 그날까지 굳게 지키시기를 축원합니다.

갈라디아서 3장 6-14절

6 아브라함이 하나님을 믿으매 그것을 그에게 의로 정하셨다 함과 같으니라
7 그런즉 믿음으로 말미암은 자들은 아브라함의 자손인 줄 알지어다
8 또 하나님이 이방을 믿음으로 말미암아 의로 정하실 것을 성경이 미리 알고 먼저
아브라함에게 복음을 전하되 모든 이방인이 너로 말미암아 복을 받으리라 하였느
니라
9 그러므로 믿음으로 말미암은 자는 믿음이 있는 아브라함과 함께 복을 받느니라
10 무릇 율법 행위에 속한 자들은 저주 아래에 있나니 기록된 바 누구든지 율법 책에 기
록된 대로 모든 일을 항상 행하지 아니하는 자는 저주 아래에 있는 자라 하였음이라
11 또 하나님 앞에서 아무도 율법으로 말미암아 의롭게 되지 못할 것이 분명하니 이는
의인은 믿음으로 살리라 하였음이라
12 율법은 믿음에서 난 것이 아니니 율법을 행하는 자는 그 가운데서 살리라 하였느
니라
13 그리스도께서 우리를 위하여 저주를 받은 바 되사 율법의 저주에서 우리를 속량하
셨으니 기록된 바 나무에 달린 자마다 저주 아래에 있는 자라 하였음이라
14 이는 그리스도 예수 안에서 아브라함의 복이 이방인에게 미치게 하고 또 우리로 하
여금 믿음으로 말미암아 성령의 약속을 받게 하려 함이라

07

믿는 자에게 주시는 은혜

본문 말씀 : 갈라디아서 3장 6-14절

본문의 내용은 믿음의 조상 아브라함과 구약성경의 예를 통해 믿음으로 의롭게 됨을 설명하는 것입니다. 구약성경과 신약성경 모두 인간이 하나님 앞에서 의롭게 되는 길이 율법이 아니라 오직 믿음이라고 일관되게 말하고 있습니다. 율법은 궁극적으로 그리스도께서 오시기 전까지 하나님의 백성을 보호하고 인도하는 길잡이 역할을 했을 뿐입니다.

우리 인간이 의롭게 되고, 하나님의 백성이 되고, 죄에서 자유케 된 것은 하나님이 모두 그리스도 안에서 성취하시고 우리에게 베풀어주신 것이라는 사실을 믿음으로 받아들여야 합니다.

하나님이 그리스도 안에서 성취하신 이 놀라운 구원 사역을 우리가 믿음으로 받아들일 때, 은혜와 축복을 받을 수 있습니다.

1. 아브라함의 자손이 되게 하심

바울은 믿음으로 말미암는 의의 원리를 구약 아브라함의 예를 통해서 설명했습니다.

> 6 아브라함이 하나님을 믿으매 그것을 그에게 의로 정하셨다 함과 같으니라 갈 3:6

로마서 4장과 갈라디아서 3장은 흔히 '아브라함장'이라고 이야기합니다. 바울은 아브라함이 하나님께 의롭다 함을 받은 것이 그의 행위나, 율법이나, 할례로 인한 것이 아니라 오직 믿음으로 인한 것임을 강조했습니다.

믿음의 조상인 아브라함은 이스라엘 민족, 곧 유대인의 혈통적 조상입니다. 또한 유대인들에게 있어서 그는 하나님 앞에서 인정받은 위대한 민족의 자랑이었습니다.

그런데 유대 거짓 교사들은 아브라함도 할례를 받았다는 사실을 강조하면서, 믿음으로만 아니라 반드시 할례를 받아야 완전한 구원이 이뤄진다고 주장한 것입니다.

이에 대해 바울은 아브라함이 하나님 앞에 의롭다 함을 받은 것이 할례 명령을 받은 것보다 먼저 있었던 일임을 주지시킵니다.

창세기 15장에 아브라함이 전쟁 포로가 되었던 롯을 구해온 후, 하나님이 아브라함에게 환상 중에 나타나서서 말씀하셨습니다. 당시 아브라함은 동방의 왕들과의 싸움에서 승리하였지만 정작 얻은 것은 없고, 언약의 말씀은 받았지만 변변한 땅도 소유하지 못한 상태였고 여전히 자식도 없었습니다. 그래서 그는 자신의 종 가운데 하나인 엘리에셀을 상속자로 생각하고 있었습니다.

그러나 하나님께서는 엘리에셀이 아니라 "네 몸에서 날 자가 네 상속자가 되리라"라고 말씀하시고, 그를 이끌고 밖으로 나가신 후에 "하늘을 우러러 뭇별을 셀 수 있나 보라 또 그에게 이르시되 네 자손이 이와 같으리라"라고 약속하셨습니다.

"야훼의 말씀이 그에게 임하여 이르시되 그 사람이 네 상속자가 아니라 네 몸에서 날 자가 네 상속자가 되리라 하시고 그를 이끌고 밖으로 나가 이르시되 하늘을 우러러 뭇별을 셀 수 있나 보라 또 그에게 이르시되 네 자손이 이와 같으리라" 창 15:4-5

아브라함이 하나님의 말씀을 믿음으로 받자 하나님께서 이를 아브라함의 의로 여기셨습니다.

"아브람이 야훼를 믿으니 야훼께서 이를 그의 의로 여기시고" 창 15:6

이와 같이 아브라함은 믿음으로 말미암아 의롭다 함을 받았습니다. 그리고 아브라함이 믿음으로 말미암아 의롭다 함을 받게 된 것은 복음을 듣고 예수님을 구주로 믿은 모든 사람이 의롭다 함을 받을 것이라는 사실을 보여주는 예언적 사건이었습니다.

"그에게 의로 여겨졌다 기록된 것은 아브라함만 위한 것이 아니요 의로 여기심을 받을 우리도 위함이니 곧 예수 우리 주를 죽은 자 가운데서 살리신 이를 믿는 자니라" 롬 4:23-24

이처럼 하나님 앞에 의롭다 함을 받은 것은 구약시대나 신약시대 모두 오직 믿음으로 말미암은 것입니다.

> 7 그런즉 믿음으로 말미암은 자들은 아브라함의 자손인 줄 알지어다 갈 3:7

믿음으로 말미암아 하나님 앞에 의롭다 함을 받은 사람은 누구나 영적으로 축복받은 아브라함의 자손이 되고, 하나님의 백성이 됩니다. 할례를 받고 율법을 준수해서 되는 것이 아닙니다.

바울은 롬 4:11-12에서 이와 같은 사실을 재차 강조했습니다.

"그가 할례의 표를 받은 것은 무할례시에 믿음으로 된 의를 인친 것이니 이는 무할례자로서 믿는 모든 자의 조상이 되어 그들도 의로 여기심을 얻게 하려 하심이라 또한 할례자의 조상이 되었나니 곧 할례 받을 자에게뿐 아니라 우리 조상 아브라함이 무할례시에 가졌던 믿음의 자취를 따르는 자들에게도 그러하니라"

롬 4:11-12

영국의 유명한 복음주의 신학자 알리스터 맥그리스는 이렇게 말합니다.

"칭의는 '하나님의 은혜'로, 율법이 아닌 믿음을 통하여 일어난다. 바울은 이 결정적인 대목을 설명하는 대목에서 아브라함을 이야기한다. 우리 역시 선물로 구원을 받았으며, 이 선물을 믿음으로 말미암아 받았다. 우리가 우리 된 것은 하나님의 은혜다. 하나님은 가치를 보고 우리를 선택하신

> 것이 아니다. 그렇게 하나님은 우리가 도저히 도달할 수 없는 자리에 서게 하셨다. 이 얼마나 우리 마음을 겸손하게 하고, 얼마나 뜨겁게 하는 것인가! 그러면서도 우리는 얼마나 쉽게 잊어버리는가!"

바울이 아브라함의 이신칭의를 설명한 이유는 다음과 같습니다. 갈라디아 교인들의 관심사 중에 하나가, "누가 아브라함이 받은 복의 진정한 상속자냐?"라는 것이었고, 거짓 교사들은 역시 할례를 받고 율법을 지키는 자라고 주장하고 있었습니다.

하나님은 아브라함을 부르실 때 모든 민족이 아브라함을 통해 복을 받을 것이라고 하셨습니다. 그래서 율법주의자들은 아브라함의 복을 받으려면 아브라함의 혈통적 후손인 유대인들처럼 할례를 받아야 한다고 주장한 것입니다.

이스라엘 민족에게 율법이 주어진 것은 아브라함 때보다 430년 이상이 지난 모세 때임에도 불구하고, 율법 준수를 구원의 조건으로 주장했습니다. 이에 바울은 아브라함의 복이 과연 누구에게 미치게 되는가를 설명합니다.

2. 아브라함의 복을 받게 하심

8 또 하나님이 이방을 믿음으로 말미암아 의로 정하실 것을
성경이 미리 알고 먼저 아브라함에게 복음을 전하되 모든
이방인이 너로 말미암아 복을 받으리라 하였느니라 갈 3:8

하나님은 모든 이방인을 믿음으로 말미암아 의롭다 하실 것을, 아브라함을 믿음의 조상으로 부르시고 축복하실 때 이미 약속하셨습니다.

"내가 너로 큰 민족을 이루고 네게 복을 주어 네 이름을 창대하게 하리니 너는 복이 될지라 너를 축복하는 자에게는 내가 복을 내리고 너를 저주하는 자에게는 내가 저주하리니 땅의 모든 족속이 너로 말미암아 복을 얻을 것이라 하신지라" 창 12:2-3

하나님은 아브라함으로 말미암아 '땅의 모든 족속'이 복을 얻을 것이라고 말씀하셨습니다. 이 언약의 말씀은 할례나 율법과 무관하게 아브라함에게 주어졌습니다.

9 그러므로 믿음으로 말미암은 자는 믿음이 있는 아브라함
과 함께 복을 받느니라 갈 3:9

아브라함은 믿음으로 말미암아 의롭다 함을 받은 하나님 백성의 조상입니다. 따라서 믿음으로 의롭다 함을 받은 사람은 누구나 아브라함과 함께 복을 받게 됩니다.

연매출 100억이 넘는 시온테크닉스와 황칠코리아의 대표 정현오 장로님은 자신이 받은 복은 예수님을 믿고 나서 받은 것이라고 이야기합니다. 장로님은 어릴 적부터 도시로 나가 큰 사업을 일구는 꿈을 꾸었습니다. 하지만 현실은 동생들을 뒷바라지해야 하는 맏이로서 가장 역할을 해야 했기에, 아버지의 권유를 따라 할 수 없이 농사꾼이 되었습니다.

농촌 생활은 자신이 꿈꾸던 삶과 너무도 달랐기 때문에 쉽게 적응하지 못하고 방황하던 때에 동네 교회에 새로운 목사님이 부임하면서 삶이 변했습니다. 목사님은 그를 보자마자 이렇게 말씀하셨습니다.

"꿈이 큰 사람인데 가장 역할을 하느라 갈등과 외로움 속에서 말할 수 없이 힘들게 살아가고 있군요. 하나님은 살아계십니다. 하나님은 당신을 무척 사랑하십니다!"

장로님은 처음 보는 목사님이 자신의 속마음을 너무 잘 알아 깜짝 놀랐습니다! 그때 장로님은 다음과 같은 생각을 하게 되었습니다.

“이전까지 저는 교회는 조금 부족한 사람들이 성경책을 들고 다니는 곳이라 생각했는데, 목사님 말씀을 듣는 순간, ‘세상에 누가 나를 이렇게 알아준단 말인가? 밤이면 고민 가운데 잠을 이루기 힘들었던 나를 누가 안단 말인가?’라고 생각했습니다. 이 말을 듣자 사방이 막혀있는 가운데 바늘귀만 한 빛이 제 삶에 비추는 것 같았습니다!”

이렇게 주님을 만난 뒤 장로님의 인생은 완전히 변했습니다. 그리고 모든 것을 하나님께 맡기자 기적이 일어났습니다.

어느 날 작은 섬에서 농사를 짓던 중, 지하수 개발업자로부터 같이 사업에 참여하자는 권유를 받았습니다. 주변의 모든 사람들은 섬에서 땅을 파봤자 짠물밖에 나올 것이 없다며 그를 말렸지만 장로님은 믿음으로 도전했습니다. 그리고 모든 것을 기도로 하나님께 맡겼습니다.

“하나님, 살아계신다면 이 상황을 아시지 않으십니까? 하나님, 물을 주셔야 합니다!”

이렇게 기도하고 조사했던 부지를 파내려갔습니다. 처음에는 물이 나오지 않아 답답하기도 했지만 마지막 땅을 팠을 때, 단물이 쉴 새 없이 뿜어 나오기 시작했습니다.

지하수 개발에 성공한 이후, 어릴 적부터의 꿈대로 시온테크닉스라는 전기전자제어기 회사를 설립했습니다.

시편 말씀을 읽던 중 하나님께서 주신 아이디어로 새로운 기술을 개발하여 특허권을 등록했고, 이후 100여 개의 특허권을 취득하여 40억이 넘는 매출을 올렸습니다.

하나님의 축복은 이것으로 끝나지 않았습니다. 이후 30억 원이 넘는 사업이 있다는 얘기를 듣고 관공서에 사업계획서를 냈는데, 계약체결자로 선정되었습니다. 또한 남부 지방 고유의 나무인 황칠나무에서 건강음료수를 개발하여 황칠코리아라는 건강음료회사를 세워 연매출 100억 원을 달성했습니다.

장로님은 이렇게 고백합니다.

"계약 체결을 위해서 한 것이라고는 브리핑밖에 없었는데, 담당자로부터 심사 결과, 우리 회사가 선정됐으며, 그것도 가장 높은 점수를 받았다는 얘기를 들었습니다. 함께 지원했던 어떤 사람은 '나는 국회의원 백을 들이댔는데 당신은 뭘 어떻게 했는데 됐냐?'라고 했습니다. 이때 하나님께서는 제게 말씀하셨습니다. '아들아 내가 했다잉.' 이후 100억이 되는 계약 체결도 이뤘습니다. 이 모든 것은 제가 할 수 있는 일이 아닙니다. 하나님이 하신 것입니다. 하나님의 힘으로 여기까지 왔습니다!"

3. 율법의 저주에서 속량하심

바울은 무릇 율법 행위에 속한 자들, 곧 구원을 위한 율법 준수를 고집하는 자들은 저주 아래 있다고 경고합니다.

> 10 무릇 율법 행위에 속한 자들은 저주 아래에 있나니 기록된 바 누구든지 율법 책에 기록된 대로 모든 일을 항상 행하지 아니하는 자는 저주 아래에 있는 자라 하였음이라 갈 3:10

율법을 준수하는 것을 고집하는 태도가 왜 저주를 초래하는지에 대해서 바울은 신 27:26을 인용하여 설명한 것입니다.

"이 율법의 말씀을 실행하지 아니하는 자는 저주를 받을 것이라 할 것이요 모든 백성은 아멘 할지니라" 신 27:26

율법 준수는 율법 전체에 대한 준수가 되어야 합니다. 그러나 율법 전체를 항상 지켜 행할 수 있는 사람은 아무도 없습니다. 그 이유는 바울이 로마서 3장에서 지적한 것처럼 모든 사람이 죄 아래에 있기 때문입니다.

"기록된 바 의인은 없나니 하나도 없으며" 롬 3:10

"모든 사람이 죄를 범하였으매 하나님의 영광에 이르지 못하더니" 롬 3:23

하나님은 모든 인간이 죄인이며 부패했다는 사실에 대해서 너무도 잘 알고 계시기 때문에 율법 준수가 아닌 믿음을 통해 의롭게 되는 길을 열어주셨습니다.

11 또 하나님 앞에서 아무도 율법으로 말미암아 의롭게 되지 못할 것이 분명하니 이는 의인은 믿음으로 살리라 하였음이라 갈 3:11

죄로 인해 부패한 인간은 결코 율법을 지켜 행할 수 없습니다. 이와 같이 죄로 인해 부패한 인간이 자신의 행위로써, 모든 율법을 지켜 행함으로써 의롭게 될 수 있다고 생각한다면 그 자체가 거짓이고 하나님 앞에서 교만한 것입니다.

하나님이 결정하신 인간이 의롭게 되는 길은 오직 하나, 믿음뿐이며 믿음으로 말미암아 의롭다 함을 받은 사람 역시 오직 믿음으로 살아가야 합니다. 이 말씀은 바울이 하박국 2:4 하반절을 인용한 것입니다.

"의인은 그의 믿음으로 말미암아 살리라" 합 2:4b

이처럼 구약성경에서도 율법이 아닌 믿음이 삶의 원리로 제시되어있습니다. 우리가 믿음으로 의롭다 함을 받고, 믿음으로 구원받았습니다. 따라서 하나님이 우리에게 원하시는 삶은 오직 믿음에 근거한 삶인 것입니다.

"나의 의인은 믿음으로 말미암아 살리라 또한 뒤로 물러가면 내 마음이 그를 기뻐하지 아니하리라 하셨느니라" 히 10:38

"믿음이 없이는 하나님을 기쁘시게 하지 못하나니 하나님께 나아가는 자는 반드시 그가 계신 것과 또한 그가 자기를 찾는 자들에게 상 주시는 이심을 믿어야 할지니라" 히 11:6

그렇다면 율법의 역할은 무엇일까요? 바울은 갈라디아서 3장 12절에서 이에 대해 설명합니다.

> 12 율법은 믿음에서 난 것이 아니니 율법을 행하는 자는 그 가운데서 살리라 하였느니라 갈 3:12

율법은 믿음에서 난 것이 아니라는 것입니다. 즉 율법의 역할은 믿음으로 말미암아 의롭다 함을 받게 하는 것이 아니라 믿음의 주요, 구원자가 되시는 그리스도 예수께서 오시기 전까지 하나님의 백성을 보호하고 인도하는 것입니다.

"이같이 율법이 우리를 그리스도께로 인도하는 초등교사가 되어 우리로 하여금 믿음으로 말미암아 의롭다 함을 얻게 하려 함이라" 갈 3:24

하나님은 인간이 율법의 지배 아래 살지 않고, 또한 그 부패한 죄성으로 말미암아 율법의 저주 아래 놓여있지 않도록, 율법의 지배에서 해방되어 율법의 저주에서 속량받을 수 있는 길을 열어주셨습니다.

13 그리스도께서 우리를 위하여 저주를 받은 바 되사 율법
의 저주에서 우리를 속량하셨으니 기록된 바 나무에 달린
자마다 저주 아래에 있는 자라 하였음이라 갈 3:13

하나님은 독생성자 예수 그리스도를 우리를 대신해 저주를 받게 하셨습니다. 예수님이 우리를 대신해 받으신 저주는 바로 십자가의 죽음입니다. 율법은 나무에 달린 시체가 저주의 죽음을 당한 것으로 규정하고 있습니다.

"그 시체를 나무 위에 밤새도록 두지 말고 그 날에 장사하여 네 하나님 야훼께서 네게 기업으로 주시는 땅을 더럽히지 말라 나무에 달린 자는 하나님께 저주를 받았음이니라" 신 21:23

하나님의 독생성자 예수님, 아무 죄도 없으신 예수님이 죄인들이 받아야 할 저주를 대신 받으셨습니다. 그래서 마르틴 루터는 그의 갈라디아서 주석에서 이 은혜에 대해 다음과 같이 찬양하며 고백했습니다.

"그리스도 당신은 저의 죄요, 저의 저주이십니다. 아니 오히려 제가 당신의 죄, 당신의 저주, 당신의 죽음, 당신의 하나님의 분노, 당신의 지옥입니다. 반대로 당신은 저의 의, 저의 복, 저의 생

명, 저의 하나님의 은총, 저의 하늘이십니다."

저명한 강해 설교자인 워런 W. 위어스비 목사님은 사람들이 율법주의에 빠지는 이유를 다음과 같이 설명합니다.

> "첫째, 율법주의는 육체에 호소하기 때문이다. 육신은 종교적인 업적을 자랑하기 좋아한다. 예를 들어, '얼마나 많은 기도를 드렸느냐, 얼마나 많은 은사를 받았느냐' 하는 것 등을 자랑하기 좋아한다.
>
> 둘째, 율법주의는 감각에 호소하기 때문이다. 율법주의자들은 영과 진리로 하나님을 경배하는 대신, 자신의 감각을 만족시키는 체계를 고안해낸다. 따라서 그들은 보고, 듣고, 맛보고, 냄새로 맡고, 느끼는 것으로 행할 수밖에 없다. 이러한 외적인 것들은 도구로서 역할을 할 뿐이지, 그 자체로서 목적이 될 수 없다.
>
> 셋째, 율법주의는 자신을 평가하고 자신을 다른 사람들과 비교할 수 있기 때문이다. 참된 신자는 자기 자신을 그리스도와 비교하며, 다른 그리스도인들과는 비교하지 않는다. 은혜로 살아가는 그리스도인의 삶에는 자랑할 것이 없다. 그러나 율법주의자는 항상 남들과 비교하여 자신의 업적과 그가 전도한 자들을 자랑한다."

바울은 그리스도 예수께서 율법의 저주에서 우리를 속량해주심으로써 우리에게 임한 축복에 대해서도 이야기합니다.

> 14 이는 그리스도 예수 안에서 아브라함의 복이 이방인에게 미치게 하고 또 우리로 하여금 믿음으로 말미암아 성령의 약속을 받게 하려 함이라 갈 3:14

그리스도의 속량은 그리스도 예수를 믿는 모든 자에게 아브라함의 복이 임하게 했습니다. 아브라함의 복은 하나님의 은혜와 사랑을 받을 아무런 조건과 자격이 없는 자가 하나님의 백성이 되는 놀라운 축복입니다. 이 복은 하나님의 백성이 되어 하나님이 주신 은혜와 사랑을 나누며 하나님 나라를 확장시키고 선한 영향력을 끼치는 자가 되는 복입니다.

또한 그리스도의 속량은 믿음으로 말미암아 주어지는 성령의 약속도 받아 누리게 했습니다. 성령의 약속은 성령충만을 통해 주어지는 모든 은사와 열매, 성령충만의 역사를 통해 임하는 모든 기사와 이적을 포함합니다.

바울이 그리스도의 속량을 통해 모든 믿는 자에게 임하는 아브라함의 복과 더불어 성령의 약속을 언급한 것은 앞선 3:1-5절에 대한 거듭된 강조이기도 합니다.

사랑하는 성도 여러분, 죄로 인한 율법의 저주에서 속량해주신 그리스도의 은혜와 아무런 자격도 없는 우리를 전적인 은혜로 구원해주셔서 하나님의 백성으로 삼아주시고 아브라함의 복을 받게 해주신 하나님의 사랑에 우리는 넘치는 감사로 나아가야 합니다.

더 이상 죄의 노예, 정욕과 탐욕의 노예로 살지 않도록 성령충만의 은혜를 구하고 거룩하고 권능 넘치는 삶을 살아가십시오. 이 모든 은혜와 사랑 안에 영원히 거하는 방법은 오직 믿음밖에 없습니다. 믿음으로 살고, 믿음으로 승리하며, 믿음으로 하나님을 기쁘시게 하는 우리 모두가 되기를 기원합니다.

오직 그리스도께서 사시는 것이라

갈라디아서 3장 15-25절

15 형제들아 내가 사람의 예대로 말하노니 사람의 언약이라도 정한 후에는 아무도 폐
하거나 더하거나 하지 못하느니라
16 이 약속들은 아브라함과 그 자손에게 말씀하신 것인데 여럿을 가리켜 그 자손들이
라 하지 아니하시고 오직 한 사람을 가리켜 네 자손이라 하셨으니 곧 그리스도라
17 내가 이것을 말하노니 하나님께서 미리 정하신 언약을 사백삼십 년 후에 생긴 율법
이 폐기하지 못하고 그 약속을 헛되게 하지 못하리라
18 만일 그 유업이 율법에서 난 것이면 약속에서 난 것이 아니리라 그러나 하나님이 약
속으로 말미암아 아브라함에게 주신 것이라
19 그런즉 율법은 무엇이냐 범법하므로 더하여진 것이라 천사들을 통하여 한 중보자
의 손으로 베푸신 것인데 약속하신 자손이 오시기까지 있을 것이라
20 그 중보자는 한 편만 위한 자가 아니나 하나님은 한 분이시니라
21 그러면 율법이 하나님의 약속들과 반대되는 것이냐 결코 그럴 수 없느니라 만일 능
히 살게 하는 율법을 주셨더라면 의가 반드시 율법으로 말미암았으리라
22 그러나 성경이 모든 것을 죄 아래에 가두었으니 이는 예수 그리스도를 믿음으로 말
미암는 약속을 믿는 자들에게 주려 함이라
23 믿음이 오기 전에 우리는 율법 아래에 매인 바 되고 계시될 믿음의 때까지 갇혔
느니라
24 이같이 율법이 우리를 그리스도께로 인도하는 초등교사가 되어 우리로 하여금 믿
음으로 말미암아 의롭다 함을 얻게 하려 함이라
25 믿음이 온 후로는 우리가 초등교사 아래에 있지 아니하도다

08 하나님의 약속과 율법

본문 말씀 : 갈라디아서 3장 15-25절

앞에서 살펴본 것처럼 갈라디아 교회에 들어온 거짓 교사들(유대주의자)은 이방인 그리스도인들인 갈라디아 교인들에게 유대인들처럼 율법을 준수하고 할례를 받아야 완전히 구원에 이른다고 가르쳤습니다. 그렇게 할 때 비로소 아브라함의 자손이 되어, 아브라함의 복을 상속받게 된다고 갈라디아 교인들을 미혹했습니다.

이에 사도 바울은 "하나님이 아브라함에게 주신 약속과 율법의 관계는 무엇인가? 하나님이 율법을 주신 목적은 무엇인가?"에 대해 설명하면서 율법은 약속보다 나중에 주어진 것이기 때문에 약속의 내용과 성격을 바꿀 수 없다고 말했습니다.

율법이 그 약속의 성취보다는 앞에 있지만 약속에는 이미 그리스도를 통한 성취가 계시되어있으며, 아브라함이 받은 약속과 그리스도를 통한 약속 성취가 모두 하나님의 은혜에 근거하고 있기 때문에, 율법은 그 역할과 기능이 제한되어있습니다.

1. 변치 않는 하나님의 약속

> 15 형제들아 내가 사람의 예대로 말하노니 사람의 언약이라도 정한 후에는 아무도 폐하거나 더하거나 하지 못하느니라 갈 3:15

바울은 일상생활의 예를 들어 설명합니다. 사람의 약속, 특히 법적인 효력을 가지고 있는 계약서나 유언 같은 경우에는 결정된 후에 임의로 폐기되거나 다른 내용이 덧붙여질 수 없습니다. 오늘날까지도 고대 중동 지방의 계약서들이 파피루스 형태로 남아있는 것이 많습니다. 특히 당시 유서는 교체나 첨언이 불가하도록 봉인되었습니다.

마찬가지로 하나님이 주신 약속, 곧 아브라함에게 주신 언약의 말씀도 약속 이후에 주어진 율법으로 인해 그 내용이 변경되거나 그 성격이 달라질 수가 없습니다. 그뿐만 아니라 그 언약 안에 계시되어있는 "그리스도를 통한 언약 성취"를 생각할 때 더욱 그렇습니다.

16 이 약속들은 아브라함과 그 자손에게 말씀하신 것인데 여럿을 가리켜 그 자손들이라 하지 아니하시고 오직 한 사람을 가리켜 네 자손이라 하셨으니 곧 그리스도라

갈 3:16

이 말씀에서 하나님은 이 약속의 말씀이 성취될 대상으로서 아브라함과 네 자손을 말씀하셨는데 여기서 "네 자손"은 헬라어 원어의 의미로는 "씨"로 해석됩니다.

바울은 여기서 하나님이 "네 자손들"(복수)이라고 하시지 않고, "네 자손"(단수)이라고 말씀하신 것은, 아브라함에게 주신 약속의 말씀이 궁극적으로 예수 그리스도 한 분을 통해 완전히 성취될 것을 말씀하신 것임을 밝히고 있습니다.

바울이 "약속들"이라고 표현한 것은, 창 13:15과 17:8, 창 22:18을 의미합니다.

"롯이 아브람을 떠난 후에 야훼께서 아브람에게 이르시되 너

는 눈을 들어 너 있는 곳에서 북쪽과 남쪽 그리고 동쪽과 서쪽을 바라보라 보이는 땅을 내가 너와 네 자손에게 주리니 영원히 이르리라" 창 13:14-15

"내가 너와 네 후손에게 네가 거류하는 이 땅 곧 가나안 온 땅을 주어 영원한 기업이 되게 하고 나는 그들의 하나님이 되리라" 창 17:8

하나님이 아브라함에게 언약의 말씀을 주시고, 아브라함의 복에 대해 약속하실 때 율법 준수자들이 아니라 믿음에 따라 의롭게 되는 길을 완전하게 성취하실 예수 그리스도를 말씀하셨습니다.

그리고 아브라함이 받은 언약과 그 성취에는 오직 믿음으로 말미암아 의롭게 되는 길이 계시되어있습니다. 아브라함이 율법 준수가 아니라 믿음으로 의롭다 함을 받았고, 예수 그리스도는 율법 준수가 아니라 믿음으로 의롭다 함을 받는 영원하고도 완전한 길을 여셨습니다.

하나님이 아브라함에게 주신 언약도 은혜의 언약이고, 그리스도를 믿음으로 통해 주어진 구원의 언약 곧 복음도 은혜의 언약입니다. 그러므로 구원과 칭의는 율법 준수를 통해 얻는 것이 아닙니다.

17 내가 이것을 말하노니 하나님께서 미리 정하신 언약을
사백삼십 년 후에 생긴 율법이 폐기하지 못하고 그 약속을
헛되게 하지 못하리라 갈 3:17

모세가 율법을 받은 것은 아브라함이 부르심과 언약을 받은 후 430년이 지난 시점입니다. 15절에서 설명한 것처럼, 430년이나 지나 이스라엘 백성에게 주어진 율법이, 430년 전의 은혜의 언약에 영향을 끼칠 수는 없습니다.

아브라함은 오직 믿음으로 말미암아 의롭다 함을 받는 자의 모범이며, 아브라함의 자손은 복음을 듣고 예수 그리스도를 믿음으로 말미암아 의롭게 된 모든 사람을 의미합니다. 아브라함의 복을 상속받는 자들도 역시 복음을 듣고 예수 그리스도를 믿음으로 말미암아 의롭게 된 모든 사람을 뜻합니다.

그러므로 아브라함의 복을 받는 것과 율법 준수는 무관하며 그렇게 정하신 분은 하나님이십니다.

18 만일 그 유업이 율법에서 난 것이면 약속에서 난 것이 아
니리라 그러나 하나님이 약속으로 말미암아 아브라함에

게 주신 것이라 갈 3:18

바울은 갈라디아서 2장 21절에서 의가 율법을 통해서 온다면, 그리스도는 헛되이 죽으신 것이라 말했습니다. 아브라함의 복이 율법 준수를 통해 임하는 것이라면 아브라함의 복은 아브라함이 받은 은혜의 언약과 아무 상관이 없게 됩니다.

존 맥아더 목사님은 이렇게 말합니다.

> "바울은 아브라함이 누린 풍성한 구원과 모든 유업이 약속에 의한 것임을 선언한다. 아브라함에게 하나님은 계속 '내가 무엇 무엇을 하리라'라고 말씀하신다. 그러나 모세에게는 '너는 무엇 무엇을 하라'라고 말씀하신다. 여기에 큰 차이가 있다. 약속은 하나님의 계획, 하나님의 은혜, 하나님의 주체성, 하나님의 주권에 대해 말하지만, 율법은 인간의 의무, 인간의 행위, 인간의 책임, 인간의 순종에 대해 말한다. 이 중 단 하나 오직 약속만이 우리를 구원할 수 있다!"

하나님이 우리를 구원하시고자 이루신 모든 구원의 역사는 그 시작부터 마지막까지 다 은혜라는 것입니다. 은혜는 의롭다 할 아무런 자격도, 조건도 갖추지 못한 인간에게 값없이 베풀어 주신 구원, 치료, 용서, 축복의 선물입니다. 이 은혜에 감사하며, 이 은혜를 늘 기억하며, 이 은혜로 충만한 삶을 살아야 할 것입니다.

2. 율법의 성격

바울은 이어 율법이 하나님의 언약과 인류 구원이라는 하나님의 계획에 아무런 영향을 끼치지 못함에도 불구하고 율법이 주어진 이유에 대해서 설명합니다.

> 19 그런즉 율법은 무엇이냐 범법하므로 더하여진 것이라 천사들을 통하여 한 중보자의 손으로 베푸신 것인데 약속하신 자손이 오시기까지 있을 것이라 갈 3:19

바울은 하나님께서 율법을 주신 이유를 "범법하므로 주신 것이다."라고 설명합니다. 이는 여러 가지 의미로 이해할 수 있습니다.

율법을 통해서 먼저는 죄의 문제를 일시적으로 해결할 제사를 드릴 수 있게 되었고, 둘째로 하나님이 인간에게 원하시는 뜻을 제시함으로써 죄가 무엇인지 가르치고 죄를 일부분 억제할 수 있게 되었으며, 셋째로 인간의 타락과 부패성으로 인한 완전한 율법 준수가 불가능함을 드러냄으로써 그리스도를 통한 구원의 필요성을 깨달을 수 있습니다.

즉 하나님께서 율법을 주신 목적은 죄에 대한 자각심과 경각심, 죄에 대한 일시적 해결책과 궁극적 해결책 제시입니다. 따라서 율법 자체에 죄를 해결하는 능력이 있는 것이 아니며, 율법 준수가 의의 획득과 완전한 구원을 얻는 방법이 될 수는 없습니다.

아우구스티누스는 이렇게 말했습니다.

"율법을 주신 목적은, 위대한체하는 우리를 작게 만들며, 우리 자신에게는 '의를 얻을 힘이 없다'는 것을 증명하고, 무력하고 무가치하고 빈궁한 우리를 은총으로 피난하게 하려는 것이다! 주여, 사람은 자기 힘으로 할 수 없사오니, 모든 입이 막히고, 아무도 자기를 큰 것으로 여기지 않게 하소서! 모든 사람이 작은 자가 되며, 온 세상이 하나님 앞에 죄를 알게 하소서!"

바울은 율법의 성격을 제시한 후, 모세가 율법을 받은 과정에 대해 설명합니다. 모세는 시내 산에서 율법을 받았습니다(신 33:2). 물론 이때 하나님이 시내 산에 강림하실 때에는 천사들도 함께 율법 수여 과정에 관여했습니다(행 7:53; 히 2:2).

"이것은 야훼께서 시내 산에서 자기와 이스라엘 자손 사이에 모세를 통하여 세우신 규례와 법도와 율법이니라" 레 26:46

모세는 하나님이 주신 율법을 백성에게 전달하는 "중보자"였습니다. 언약의 성취는 인간 중보자인 모세를 통해 주어진 율법 준수를 통해서 된 것이 아니라, 하나님이신 예수님이 친히 육신을 입고 세상에 오셔서 된 것입니다.

언약을 성취하신 분은 하나님이신 예수님이십니다. 하나님이신 예수님은 다른 어떤 인간 중보자를 통해서가 아니라 친히 인간이 되셔서 이신칭의의 복음을 우리에게 주셨습니다.

20 그 중보자는 한 편만 위한 자가 아니나 하나님은 한 분이시니라 갈 3:20

하나님은 하나님의 본체이신 중보자 예수 그리스도를 통해 하나님의 구원 역사를 이루셨습니다. 율법은 모세라는 중개자를 통해 그리스도께서 오시기 전까지 제한적인 역할을 하도록 주어진 것입니다.

이신칭의의 복음은 하나님이 예수 그리스도를 통해 인간을 직접 찾아오셔서 구원하시는 내용입니다.

율법으로 구원을 얻는다는 주장에 강하게 반대하는 바울을 보며 갈라디아 교회의 성도들은 "하나님이 모세에게 율법을 주시고 준수를 명하실 때 아브라함에게 주신 은혜의 언약과 반대되는 것을 주신 것인가?" 하는 의문을 갖을 수 있었습니다. 그래서 바울은 다음과 같이 설명했습니다.

> 21 그러면 율법이 하나님의 약속들과 반대되는 것이냐 결코 그럴 수 없느니라 만일 능히 살게 하는 율법을 주셨더라면 의가 반드시 율법으로 말미암았으리라 갈 3:21

아브라함에게 주신 은혜의 언약과 이신칭의의 복음만이 선하고, 율법은 악한 것이 아닙니다. 율법은 하나님이 주신 것이므로 당연히 선한 것입니다. 다만 율법의 목적 자체가 은혜로서 주어지는 하나님의 선물인 구원을 위한 것이 아니라는 점에서, 아브라함에게 주신 은혜의 언약이나 더 나아가 이신칭의의 복음과 다를 뿐입니다.

"이로 보건대 율법은 거룩하고 계명도 거룩하고 의로우며 선하도다" 롬 7:12

문제는 인간의 죄악성과 부패성으로 말미암아, 율법을 온전히 지킬 능력이 없다는 것입니다. 따라서 율법은 죄를 깨닫게 하고 심판에 이르게 합니다. 인간이 하나님이 제시해주신 율법을 다 지켜 행할 수 있었다면, 칭의는 율법을 통해서 주어졌을 것입니다.

인간을 바라보면 언제나 절망뿐입니다. 인간이란 스스로 죄의 문제를 해결할 능력이 없는 전적으로 타락한 존재이기 때문입니다.

그러나 구주 예수님을 바라보면 언제나 희망만이 가득하게 됩니다. 왜냐하면 예수님은 십자가에서 죄의 문제를 해결해주심으로써 죄로 물든 인간의 모든 절대 절망을 절대 희망으로 바꿔주셨기 때문입니다.

존 칼빈은 이렇게 말했습니다.

"율법의 역할은 우리에게 치료할 희망이 없는 질병을 보여 주는 것인 반면, 복음의 역할은 희망이 사라진 사람들에게 치료약을 가져다주는 것이다!"

우리는 율법을 성취할 능력이 없지만, 예수님은 율법을 성취하심으로 그를 믿는 자를 율법의 저주에서 속량해주셨고, 그럼으로써 율법의 마침이 되셨습니다.

"그리스도는 모든 믿는 자에게 의를 이루기 위하여 율법의 마침이 되시니라" 롬 10:4

3. 율법의 한계와 역할

22 그러나 성경이 모든 것을 죄 아래에 가두었으니 이는 예수 그리스도를 믿음으로 말미암는 약속을 믿는 자들에게 주려 함이라 갈 3:22

율법은 비록 선한 것일지라도 칭의의 수단이 될 수 없다는 한계를 지니게 된 이유는 율법이 가진 정죄하는 기능 때문입니다.

율법은 죄를 피하고 멀리하라고 죄에 대해 가르쳤는데, 이스라엘 백성은 죄를 멀리하기는커녕 죄에 빠져 살았습니다.

율법에 자신을 비춰봤을 때, 죄가 없다고 할 수 있는 인간은 이 세상에 단 한 사람도 없습니다. 따라서 율법의 역할은, 결국 인간을 죄 아래 가두는 것이 되고 말았습니다.

"그러므로 율법의 행위로 그의 앞에 의롭다 하심을 얻을 육체가 없나니 율법으로는 죄를 깨달음이니라" 롬 3:20

하나님은 인간의 이러한 타락상과 부패성을 잘 알고 계셨기에 의롭다 함을 받아 구원에 이르는 길, 아브라함의 복의 상속자가 되는 길을 율법이 아닌 은혜로, 믿음으로 되는 이신칭의 복음에 제시해주신 것입니다.

예수 그리스도를 믿는 믿음으로 의롭게 됨을 말하는 이신칭의의 복음이 이르기 전까지 사람은 율법 아래 간히고 지배를 받았습니다.

23 믿음이 오기 전에 우리는 율법 아래에 매인 바 되고 계시될 믿음의 때까지 갇혔느니라 갈 3:23

여기서 "믿음"은 예수 그리스도에 대한 믿음을 말합니다. 율법은 예수 그리스도를 믿는 믿음으로 의롭게 되는 믿음의 시대가 오기 전까지만 그 역할을 수행합니다.

24 이같이 율법이 우리를 그리스도께로 인도하는 초등교사가 되어 우리로 하여금 믿음으로 말미암아 의롭다 함을 얻게 하려 함이라 갈 3:24

율법은 인간의 타락상과 부패성으로 인해 정죄와 저주의 기능만을 수행하는 부정적인 역할이 감당했지만 한편으로는 인간으로 하여금 죄의 문제에 대한 완전한 해결과 율법의 저주에서 영원히 해방되는 길을 갈망하게 만드는 긍정적인 역할을 함께 감당했습니다.

존 스토트 목사님은 이렇게 말했습니다.

"율법 없이 복음을 주는 것은 돼지 앞에 진주를 던지는 것과 같다. 율법이 먼저 계시되지 않고서는 그 누구도 복음을 깨달을 수 없다. 마치 칠흑 같은 밤하늘에서만 별들이 나타나듯이, 죄와 심판의 어두운 배경을 향해서만 복음은 빛을

발한다. 율법이 우리를 멍들게 하여 죽이기 전에는 우리의 상처를 싸매줄 복음의 필요성을 인정하지 않을 것이다. 율법이 우리를 체포하여 감금하기 전에는 우리를 풀어주시는 그리스도를 간절히 기대하지 않을 것이다. 율법이 우리를 정죄하여 죽이기 전에는 그리스도에게 의롭다 하심과 생명을 요청하지도 않을 것이다. 율법이 우리를 지옥에까지 낮추기 전에는 우리를 천국으로 올려주시는 복음으로 돌아서지 않을 것이다!"

바울은 이러한 율법의 긍정적인 역할을, "그리스도께로 인도하는 초등교사의 역할"이라고 말했습니다. 여기서의 초등교사란 가정교사나 후견인으로 이해할 수 있습니다. 그들이 하는 역할은 한 가정의 아들이 장성하여 아버지의 상속자가 되기 전까지 그 아들을 보호, 감독, 훈육하는 일이었습니다. 아들이 장성하여 상속자로서 자격을 갖추게 되면 초등교사의 역할은 끝이 났습니다.

이에 해당하는 헬라어 '파이다고고스'는 '파이스'(아이, 시종)와 '아고'(인도하다)의 합성어로서 '주인의 자녀를 학교까지 데리고 다니는 종'을 말합니다. 이는 헬라 시대에 주인의 자녀가 6-7세가 된 때로부터 성인(보통 12살 혹은 15-16세)이 될 때까지 시중을 들고 학교까지 안전하게 인도하는 책임을 맡은 전문 노예를 말합니다.

바울은 율법을 '파이다고고스'에 비유함으로 율법의 역할이 예수 그리스도의 오심과 이신칭의의 복음 전파를 통해 종료되었음을 강조했습니다.

> 25 믿음이 온 후로는 우리가 초등교사 아래에 있지 아니하도다 갈 3:25

그리스도의 오심과 함께 전파된 이신칭의의 복음을 통해 우리는 더 이상 초등교사, 곧 율법 아래 있지 않게 되었습니다. 그리스도 예수의 십자가를 통해 믿음으로 말미암아 의롭게 된다는 이 은혜로운 복음이 우리에게 주어졌습니다.

사랑하는 성도 여러분, 이 복음이야말로 우리 삶의 근간이자 영생 천국의 소망의 바탕입니다. 우리는 복음을 통한 은혜로 사는 것입니다. 은혜를 빼고는 우리 삶, 구원, 믿음을 설명할 수 없습니다. 그러므로 이제는 이 은혜 가운데 살며, 이 은혜를 나누며 살며, 이 은혜를 실천하며 삽시다. 우리가 받은 은혜에 합당한 삶을 삽시다. 예수 그리스도의 십자가가 우리에게 말해주는 사랑,

희생, 용서, 나눔, 섬김의 삶을 통해 하나님께 영광을 올려드리게 되기를 소원합니다.

갈라디아서 3장 26절 - 4장 11절

26 너희가 다 믿음으로 말미암아 그리스도 예수 안에서 하나님의 아들이 되었으니
27 누구든지 그리스도와 합하기 위하여 세례를 받은 자는 그리스도로 옷 입었느니라
28 너희는 유대인이나 헬라인이나 종이나 자유인이나 남자나 여자나 다 그리스도 예
수 안에서 하나이니라
29 너희가 그리스도의 것이면 곧 아브라함의 자손이요 약속대로 유업을 이을 자니라

1 내가 또 말하노니 유업을 이을 자가 모든 것의 주인이나 어렸을 동안에는 종과 다름
이 없어서
2 그 아버지가 정한 때까지 후견인과 청지기 아래에 있나니
3 이와 같이 우리도 어렸을 때에 이 세상의 초등학문 아래에 있어서 종 노릇 하였더니
4 때가 차매 하나님이 그 아들을 보내사 여자에게서 나게 하시고 율법 아래에 나게 하
신 것은
5 율법 아래에 있는 자들을 속량하시고 우리로 아들의 명분을 얻게 하려 하심이라
6 너희가 아들이므로 하나님이 그 아들의 영을 우리 마음 가운데 보내사 아빠 아버지
라 부르게 하셨느니라
7 그러므로 네가 이 후로는 종이 아니요 아들이니 아들이면 하나님으로 말미암아 유
업을 받을 자니라
8 그러나 너희가 그 때에는 하나님을 알지 못하여 본질상 하나님이 아닌 자들에게 종
노릇 하였더니
9 이제는 너희가 하나님을 알 뿐 아니라 더욱이 하나님이 아신 바 되었거늘 어찌하여
다시 약하고 천박한 초등학문으로 돌아가서 다시 그들에게 종 노릇 하려 하느냐
10 너희가 날과 달과 절기와 해를 삼가 지키니
11 내가 너희를 위하여 수고한 것이 헛될까 두려워하노라

09

때가 차매

본문 말씀 : 갈라디아서 3장 26절 - 4장 11절

하나님은 온 우주의 모든 행사를 주관하시는 분이십니다. 천지가 창조되는 큰일에서부터 하늘의 참새가 떨어지는 작은 일까지 하나님의 계획에서 벗어날 수 없습니다. 우리의 구원에 대한 일들도 하나님의 계획을 따라 이루어졌습니다. 하나님의 '때가 차매' 그리스도께서 이 땅에 오셨고, 그로 말미암아 구약 율법의 시대가 끝나고 은혜의 새 시대가 열렸습니다.

1. 믿는 자는 유업을 이을 자

> 26 너희가 다 믿음으로 말미암아 그리스도 예수 안에서 하
> 나님의 아들이 되었으니 갈 3:26

우리는 모두 멸망당할 죄인이었지만 예수 그리스도의 십자가로 인해 믿기만 하면 구원받아 하나님의 자녀가 되는 특권을 얻었습니다. 이 진리는 바울 서신뿐만 아니라 모든 성경이 증언하고 있는 내용이기도 합니다.

"영접하는 자 곧 그 이름을 믿는 자들에게는 하나님의 자녀가 되는 권세를 주셨으니" 요 1:12

하나님의 아들, 곧 하나님의 자녀가 되는 길은 오직 그리스도 예수를 구주로 믿는 것밖에 없습니다. 그런데 '아들'(휘오스)이라는 단어는, 1세기 로마제국의 입양 및 상속법에서 사용된 법적 용어입니다. 즉, 예수를 믿기만 하면 어떤 구별이나 차별 없이 하나님의 가족이 되어 하나님의 자녀로서 모든 특권, 의무, 유업을 받아 누리게 된다는 것을 의미합니다.

"자녀이면 또한 상속자 곧 하나님의 상속자요 그리스도와 함께 한 상속자니" 롬 8:17a

특히, '그리스도 안에서'라는 표현에 주목할 필요가 있습니다. '그리스도 안에서'(엔 크리스토)라는 표현은 바울 서신서에 모두 172번이나 나옵니다. 이 표현은 바울이 그리스도와 그리스도인의 관계가 '법적, 은혜적 관계'라는 것을 나타내는 데 사용했습니다.

그리스도를 믿고 그리스도 안에 있는 사람은 죄인이 법정에서 무죄로 선언되는 것처럼 하나님 앞에서 법적으로 의인으로 인정받습니다. 또한 그리스도를 믿고 그리스도 안에 있는 사람은 하나님과 예수님이 하나인 것처럼, 그리스도와 하나가 되는 신비적 연합을 이루는 은혜의 관계를 누리게 됩니다.

결론적으로, 그리스도와 그리스도인이 온전하고 친밀한 교제를 나누는 관계가 되었음을 말해줍니다. 이 연합은 결코 깨어지지 않고, 분리되지 않는 온전한 연합입니다.

그리스도와 그리스도인의 이러한 온전한 연합을 상징적으로 나타내는 것이 바로 침례입니다.

27 누구든지 그리스도와 합하기 위하여 침례를 받은 자는

그리스도로 옷 입었느니라 갈 3:27

침례는 율법, 죄, 사망의 지배를 받던 존재가 죽고 믿음, 의, 영생 안에서 사는 새로운 존재로 다시 태어났음을 상징적으로 체험하고 또한 교회 공동체 앞에서 고백하는 예식입니다.

"무릇 그리스도 예수와 합하여 침례를 받은 우리는 그의 죽으심과 합하여 침례를 받은 줄을 알지 못하느냐 그러므로 우리가 그의 죽으심과 합하여 침례를 받음으로 그와 함께 장사되었나니 이는 아버지의 영광으로 말미암아 그리스도를 죽은 자 가운데서 살리심과 같이 우리로 또한 새 생명 가운데서 행하게 하려 함이라 만일 우리가 그의 죽으심과 같은 모양으로 연합한 자가 되었으면 또한 그의 부활과 같은 모양으로 연합한 자도 되리라" 롬 6:3-5

무엇보다 중요한 것은 그리스도인이 그리스도와 연합을 통해 새로운 피조물, 새사람으로서 새로운 삶을 시작하게 되었다는 것입니다.

"그런즉 누구든지 그리스도 안에 있으면 새로운 피조물이라 이전 것은 지나갔으니 보라 새 것이 되었도다" 고후 5:17

또한 바울은 그리스도와의 연합을 '그리스도로 옷 입었다'라는 표현을 사용했습니다. 그리스도로 옷을 입었다는 것은 그리스도의 성품을 닮고, 그리스도의 뜻을 따르는 것을 의미합니다. 그리스도로 옷을 입은 사람은 육적인 삶에서 영적인 삶으로, 이기적인 목적을 위한 삶에서 주님의 영광을 위한 삶으로 변화를 받아 새로운 삶을 시작하게 됩니다.

미국의 뉴욕 리디머장로교회 담임인 팀 켈러 목사님은 '그리스도로 옷 입음'을 이렇게 설명합니다.

> "첫째, 우리의 진정한 정체성은 그리스도 안에 있다. 우리의 옷차림은 우리가 누구인지를 말한다. 그러므로 이는 우리의 궁극적인 정체성이 그리스도 안에 있다는 말이다. 둘째, 그리스도와 긴밀한 관계에 있다. 다른 어떤 소유물보다 우리와 가까이있는 것이 옷이다. 그러므로 이는 매순간 그리스도를 의지하고 의식하라는 일깨움이다. 셋째, 그리스도를 닮아간다. 예수 그리스도를 삶의 모든 영역에 모셔 그분의 뜻과 성령께 합당하도록 우리를 변화시켜간다는 뜻이다. 넷째, 하나님께서 우리를 받으신다. 하나님은 인간의 타락 이후 우리의 수치를 가리는 옷을 주셨다. 마찬가지

로 이는 예수 그리스도 덕분에 우리의 수치가 가려져 하나님 눈에 우리가 사랑스럽게 보이고, 아들로 받아들여진다는 뜻이다."

이러한 새로운 삶의 또 다른 측면은 그리스도 안에서 모두가 하나가 되는 것입니다.

28 너희는 유대인이나 헬라인이나 종이나 자유인이나 남자나 여자나 다 그리스도 예수 안에서 하나이니라 갈 3:28

그리스도 예수 안에서는 차별, 불평등이 있을 수 없습니다. 그래서 바울은 대표적으로 세 가지 구분, 곧 '유대인과 헬라인', '종과 자유인', '남자와 여자'에 의한 차별과 불평등은 그리스도 예수 안에서 종결되었다고 선언합니다.

존 스토트 목사님은 이 구절을 이렇게 설명합니다.

"첫째, '민족적'인 차별이 없다. 그리스도가 오심으로써 아브라함의 씨 안에서 땅 위의 모든 족속들이 복을 받으리라고 하신 하나님의 약속은 성취되었다. 둘째, 신분상의 차별이 없다. 출생, 재산, 특권, 교육 등의 배경은 인간을 서로 갈라놓는다. 그러나 그리스도 안에서는 세속적 신분이 철폐되고, 계급적 차별이 무너진다. 셋째, 성별상의 차별이 없다. 고대사회, 심지어 유대사회에서까지도 여성들은 멸시, 착취, 학대받는 것이 일쑤였다. 그러나 그리스도 안에서는 남성이나 여성이 하나이며 동등하다."

바울이 이러한 세 가지 구분을 제시하고 그리스도 예수 안에서 그러한 구분에 따른 차별과 불평등이 철폐되었음을 선언하는 것은 유대인의 배타주의적 신앙관에 대한 책망과 훈계를 담고 있습니다.

유대인 남자는 아침에 다음과 같은 기도문으로 기도했습니다. "나를 이방인으로 만들지 않은 하나님께 감사합니다. 나를 노예로 만들지 않은 하나님께 감사합니다. 나를 여자로 만들지 않은 하나님께 감사합니다."

그러한 차별, 불평등은 모든 사람이 그리스도 안에서 믿음이라는 한 가지 조건으로 의롭게 되었다는 사실로 인해 사라지게 되었습니다. 그래서 그리스도를 믿음으로 그리스도와 연합하게 되었음을 나타내는 의식인 침례는 차별 없이 누구에게나 똑같이 이루어졌습니다.

바울은 그리스도 안에서 이루어진 평등이라는 관점으로 앞서 논의했던 "누가 아브라함의 자손으로서, 아브라함의 복을 받는 자인가?"라는 질문에 다음과 같이 답변했습니다.

> 29 너희가 그리스도의 것이면 곧 아브라함의 자손이요 약속대로 유업을 이을 자니라 갈 3:29

'그리스도의 것'이란, 예수 그리스도를 믿고 침례를 받음으로써 예수 그리스도와 연합되어 예수 그리스도 안에 있는 자를 말합니다. 그 사람이 곧 아브라함의 자손이며 아브라함의 복을 받는 사람입니다. 아브라함의 자손이 되어 받는 축복은 그리스도의 것, 그리스도께 속한 자가 마땅히 누릴 축복입니다. 그리고 이러한 축복을 받은 사람들은 하나님의 영광을 위해 살아야 할 사명이 있습니다.

2. 하나님의 아들이 오시기 이전과 이후

바울은 다시 예수 그리스도가 오신 이후로 율법의 감독적 기능이 끝났음을 밝히고, 예수 그리스도를 믿는 자들이 그 믿음으로 말미암아 누리게 된 은혜와 축복에 대해 정리했습니다.

먼저 예수 그리스도가 오시기 전, 율법의 지배 아래 있는 자의 모습을 어느 귀족 가정의 상속자 아들을 예로 들어 설명했습니다.

> 1 내가 또 말하노니 유업을 이을 자가 모든 것의 주인이나
> 어렸을 동안에는 종과 다름이 없어서 2 그 아버지가 정한
> 때까지 후견인과 청지기 아래에 있나니 갈 4:1-2

한 가정의 아들은 그의 아버지의 재산을 물려받을 상속자입니다. 그래서 그는 곧 미래의 주인입니다. 그러나 어렸을 동안, 곧 미성년일 때는 그 가정의 종과 크게 다를 바 없었습니다.

그가 미성년자인 까닭에 아버지가 정해준 후견인과 청지기에게 훈육과 돌봄을 받으며 그들이 가르쳐주는 규칙과 규정을 지켜야 했습니다. 마치 종처럼 아버지가 정한 때까지 자유가 제한된 삶을 살아야 했습니다.

바울은 율법 아래 지배를 받던 때의 인간의 형편을 아버지가 정한 때까지 후견인과 청지기 밑에서 종과 같이 자유가 제약당하는 삶을 살아야 하는 미성년 자녀의 모습에 비교한 것입니다.

빅토리아 여왕의 재위 시절, 영국은 해가 지지 않는 나라로 불

릴 만큼 대단한 전성기를 누렸습니다. 그러나 그녀 역시 왕위에 오르기 전까지는 왕실 가정교사의 지도하에 교육을 받으며 자랄 수밖에 없었습니다.

그런데 그녀를 가르쳤던 가정교사는 매우 엄격하여, 영국의 대표적 신문인 '타임지'(The Times)를 왕실에 대한 비평 기사가 자주 실린다는 이유로 읽지 못하게 했으며, 홍차도 건강에 나쁘다는 이유로 마시지 못하게 했습니다.

그러다 드디어 그녀가 대관식을 하고 여왕으로서 정식으로 등극하게 되었습니다. 여왕이 된 빅토리아가 신하들에게 첫 공식 명령으로 내린 것은 바로 타임지와 홍차를 갖다달라는 것이었습니다.

신하들이 지체 없이 타임지와 홍자를 가지고 오는 것을 본 빅토리아 여왕은 이렇게 말했습니다.

"이제야 내가 참으로 통치하고 있다는 것을 알았습니다!(Now I Know that I truly reign!)"

공주라도 어릴 때는 가정교사의 밑에 있어서 신문 한 장, 홍차 한 잔 마음대로 못 보고 못 마셨지만, 장성하여 여왕이 되자 신문, 홍차는 물론 '온 나라를 다스릴 수 있는 권력'을 갖게 된 것을 실감한 것입니다.

이어서 바울은 후견인과 청지기 아래 있었던 형편이 그리스도의 오심을 통해 어떻게 극복되었고 어떠한 변화를 가져왔는지를 설명합니다.

3 이와 같이 우리도 어렸을 때에 이 세상의 초등학문 아래
에 있어서 종 노릇 하였더니 갈 4:3

그런데 바울은 여기서 '우리도'라는 말로 시작합니다. '우리'라 함은 '유대인'과 '이방인'을 통칭해서 표현한 것입니다. 또 '어렸을 때'란 미성년 자녀처럼 후견인과 청지기가 가르쳐주는 갖가지 규율과 규칙을 지키며 종과 같이 자유가 제한된 삶을 살던 때를 뜻합니다. 그리고 '이 세상의 초등학문'이란 유대인들에게는 '모세의 율법', 이방인들에게는 '이방 종교의 교리(기본 개념)'라고 할 수 있습니다.

정리하면 예수 그리스도가 오시기 전까지 유대인은 율법에 종노릇했고, 이방인은 우상숭배하는 이방종교에 종노릇하며 살았습니다. 지금까지 바울은 주로 유대인들이 율법 아래 지배받던 상황에 대해서 묘사했었습니다. 그러나 3절을 시작하면서, 바울이 '우리'라고 시작한 데서 볼 수 있듯이, 이방인들이 세상의 허망한 종교 아래 붙잡혀 살던 상황까지도 설명하기 위해, 단지 '율법'이라고 하지 않고 '이 세상의 초등학문'이라고 표현한 것입니다.

중요한 것은 유대인이나 이방인이나 그리스도가 오시기 전까지는 모두 종노릇하던 자들이었다는 점에서 다를 것이 없다는 것입니다. 그러나 이러한 신분과 형편은 때가 차매, 하나님이 그 아들 예수 그리스도를 보내신 이후 완전히 변화되었습니다.

> 4 때가 차매 하나님이 그 아들을 보내사 여자에게서 나게 하시고 율법 아래에 나게 하신 것은 갈 4:4

하나님은 놀라운 계획과 섭리로 구원 역사를 주관하셔서, 그리스도의 성육신, 사역, 복음 선포를 위한 가장 적절한 순간에 독생자 예수님을 이 세상에 보내셨습니다. 하나님은 예수님을 율법 아래 나게 하셨습니다. 곧 예수님은 유대인으로서, 율법의 저주 아래 있는 자들과 같이 되셨습니다.

> 5 율법 아래에 있는 자들을 속량하시고 우리로 아들의 명분을 얻게 하려 하심이라 갈 4:5

바울이 앞선 3:13에서 언급한 바와 같이 예수님은 율법 아래 나서서 십자가 고난을 통해 율법의 저주를 대신 받으심으로써 율법의 저주 아래 갇힌 자들을 속량해주셨습니다. 이로써 그를 믿는 자는 하나님의 아들이 되게 해주셨습니다. 즉 그를 믿는 자가 하나님의 양자로 입양되었다는 것입니다.

이 모든 것이 그리스도의 오심과 그의 사역에서 비롯된 은혜와 축복입니다. 그래서 기독교는 철저히 그리스도 중심의 종교입니다.

또한 바울은 우리가 그리스도를 믿음으로써 하나님의 아들이 된 데에 있어서, 성령님이 하시는 역할에 대해 언급했습니다.

> 6 너희가 아들이므로 하나님이 그 아들의 영을 우리 마음 가운데 보내사 아빠 아버지라 부르게 하셨느니라 갈 4:6

하나님은 우리가 하나님의 아들, 곧 자녀가 되었기 때문에 아들의 영이신 성령을 우리 마음 가운데 보내주셨습니다. 성령이 우리 안에서 오시면 우리는 하나님을 "아빠 아버지"라고 부를수 있게 됩니다. 여기서 '아빠'는 아버지라는 뜻의 아람어입니다.

성령의 역사로 우리는 하나님을 더없이 친근하게 부를 수 있게 되었습니다. 죄로 인해 끊어졌던 관계가 이어지고 하나님과의 직접적인 교제가 가능하게 된 것입니다. 죽을 수밖에 없었던 죄인이 온 우주 만물의 창조주 하나님께 "아빠 아버지"라고 부를 수 있게 되었습니다.

성령은 우리가 예수 그리스도를 믿음으로써 하나님의 자녀가 되어 하나님과 친밀한 교제를 나누고, 아브라함의 자손이 되어 아브라함의 복을 받도록 역사하셨습니다. 이처럼 성령충만은 우리의 신앙생활에 반드시 필요한 것입니다.

오직 성령으로 충만할 때 우리는 하나님의 자녀 됨과 온전한 상속자가 되었음을 확신할 수 있습니다.

> 7 그러므로 네가 이 후로는 종이 아니요 아들이니 아들이면 하나님으로 말미암아 유업을 받을 자니라 갈 4:7

우리는 하나님의 자녀가 되었습니다. 하나님을 "아빠 아버지" 이와 같이 부를 수 있는 아들, 곧 하나님 나라의 상속자가 된 것입니다.

18세기 영국의 위대한 부흥사 존 웨슬리는 목사의 아들로 태어나 거룩한 삶을 살려고 많은 노력을 기울였던 사람입니다. 옥스퍼드대학에 재학하던 시절 그는 '홀리클럽'을 통해 말씀과 기도와 구제와 봉사 등 종교적이며 선한 행위에 힘썼습니다.

그러나 아무리 노력해도 구원의 확신을 얻을 수 없었습니다. 게다가 미국 조지아 주 선교마저 실패하고 돌아오자, 1738년 1월

29일, 일기에 이렇게 적으며 탄식했습니다.

"다른 이들을 변화시키려 미국까지 갔지만, 나 자신조차 하나님께 회심한 적이 없었다. 나는 아들의 믿음을 가져야 함에도 불구하고, 종의 믿음을 가지고 있었다!"

그러다 1738년 5월 24일, 런던 올더스게이트에 있는 모라비안 교도들의 집회에서 루터의 로마서 주석 서문을 들으며, 구원의 확신을 얻었습니다. 그는 당시를 이렇게 고백합니다.

"이제 나는 구원에 대한 확증이 행위에 의해서가 아니라, 믿음을 통한 은혜에 의해서 오는 것이라는 진리를 새롭게 깨닫게 되었다!"

그는 이렇게 종의 믿음이 아닌, 아들의 믿음을 가지게 된 후, 18세기의 위대한 하나님의 종으로 쓰임을 받았습니다. 특히 율법의 종노릇, 온갖 우상숭배의 종노릇에서 벗어나 성령 안에서 자유함을 누리는 자가 되었습니다.

"주는 영이시니 주의 영이 계신 곳에는 자유가 있느니라" 고후 3:17

3. 종노릇하던 옛날로 되돌아가려는 갈라디아인들

바울은 다시 율법주의라는 잘못된 길로 들어서려고 하는 갈라디아 교인들을 책망했습니다. 바울은 4장 8절부터 시작해서 4장의 마지막 절인 31절까지 크게 두 부분으로 나눠 추가적으로 교훈을 주었습니다. 4장 8절에서 20절은 갈라디아 교인들의 경험에 근거한 교훈이며 4장 21절에서 31절은 율법 자체의 증거에 근거한 교훈입니다.

먼저 바울은 갈라디아 교인들이 이교도로 살 때의 상황을 상기시켰습니다.

> 8 그러나 너희가 그 때에는 하나님을 알지 못하여 본질상 하나님이 아닌 자들에게 종 노릇 하였더니 갈 4:8

갈라디아 교인들은 대부분 이방인이었습니다. 그들은 이교도, 곧 하나님을 알지 못하여 우상숭배를 하던 자들이었습니다. 하나님이 아닌 헛된 우상에게 절하며, 온갖 더러움과 방탕함에 자신들을 노출시켰던 이들이었습니다.

우상에 불과한 것들에 종노릇했던 그들이 예수님을 믿음으로써 성령의 은혜 가운데 하나님과 친밀한 교제를 나누는 자녀로 거듭났습니다.

9 이제는 너희가 하나님을 알 뿐 아니라 더욱이 하나님이 아신 바 되었거늘 어찌하여 다시 약하고 천박한 초등학문으로 돌아가서 다시 그들에게 종 노릇 하려 하느냐 갈 4:9

그들은 이전에는 하나님을 모르고 살았지만, 이제는 하나님을 알게 되었습니다. 여기서 '하나님을 안다는 것'은 단순히 지식적인 차원으로서의 일회적 습득이 아니라 '지속적인 체험'을 의미합니다.

그들은 예수 그리스도를 믿음으로 하나님의 가족이 되어 하나님 아버지와 친밀한 교제를 나누며 살게 되었습니다. 그러나 너무나 안타깝게도 그들은 이전 상태로 돌아가려고 했습니다. 그런 모습을 보고 바울은 탄식하며 물을 수밖에 없었습니다.

"이 놀라운 은혜를 체험하고도, 무엇 때문에 무력하고 천하고 유치한 교훈으로 되돌아가서, 또다시 그것들에게 종노릇하려고 합니까?"

우리가 신앙생활을 하다 보면, 오르락내리락 할 수는 있습니다. 열심이 있을 때가 있고 열심이 조금 식어질 때가 있을 수 있습니다. 그러나 절대로 후퇴가 있어서는 안 됩니다. 구원받은 자의 삶에는 믿음의 후진 기어가 없습니다.

"우리는 뒤로 물러가 멸망할 자가 아니요 오직 영혼을 구원함에 이르는 믿음을 가진 자니라" 히 10:39

우리는 우리가 받은 복음, 모든 믿는 자를 의롭게 하신다는 은혜의 복음을 일생 동안 붙잡고 살아야 합니다(히 3:14).

또한 예수 믿기 전 즐기던 세상일과 우상숭배, 미신, 행불행 사상에 다시 빠져 믿음을 저버리면 멸망, 심판을 받게 됩니다.

갈라디아 교인들을 바울이 심각하게 책망하고 있는 이유는 그들이 다시금 초등학문에 종노릇하던 때로 돌아가, 멸망과 심판을 자초할까봐 우려했기 때문입니다.

특히 갈라디아 교인들은 유대주의자인 거짓 교사들의 꼬임에 넘어가 율법을 지킴으로써 구원을 완성해보려는 어리석음에 빠졌습니다. 그것은 그들이 이교도일 때 우상숭배했던 모습과 다름이 없는 것이었습니다. 그래서 바울이 그들에게 "다시 초등학문으로 돌아가려고 하느냐!"라고 책망한 것입니다.

바울은 이어서 그들의 율법주의로 돌아간 모습도 지적했습니다.

10 너희가 날과 달과 절기와 해를 삼가 지키니 갈 4:10

'날, 달, 절기, 해'란 율법이 정한 절기들을 지칭합니다. 구원은 오직 그리스도 예수를 믿음으로, 칭의 역시 그리스도 예수를 믿음으로, 하나님의 자녀가 되는 것도 오직 그리스도 예수를 믿음으로 가능합니다. 그 외에 다른 길로 구원, 칭의, 자녀 됨을 얻고자 하는 시도는 모두 우상숭배인 것입니다.

갈라디아 교인들이 이러한 오류에 빠지고 잘못된 신앙으로 타락하게 된 것은 그들에게 복음을 전한 바울의 입장에서 볼 때 정말 맥 빠지고, 매우 걱정스러운 일이었습니다.

11 내가 너희를 위하여 수고한 것이 헛될까 두려워하노라 갈 4:11

갈라디아 교인들을 향한 바울의 탄식과 염려의 말을 보면서, 우리가 변화된 모습으로 살지 못하고 예수 믿기 전 옛 사람, 옛 모습으로 돌아가려고 하는 우리의 모습을 보시고 탄식하시고 아파하시는 예수님의 모습이 생각납니다.

우리가 세상의 죄와 유혹에 빠지고, 물질, 명예, 권력, 사람을 우상으로 섬길 때 우리 안에서 성령님이 탄식하시고 근심하십니다. 특히 믿음 없는 사람처럼 말하고, 원망 불평하고, 비판 정죄할 때 성령님은 우리 안에서 슬퍼하십니다.

고든콘웰신학교의 리차드 러블레이스 교수는 다음과 같이 말했습니다.

> "아무리 신자라도 '스스로 쌓은 영적인 업적과 상관없이 하나님께서 예수 안에서 나를 받아주신다'는 점을 확신하지 못하면, 불신자보다도 불안정하다. 이러한 불안정은 자신의 의를 과도하게 방어하고 주장하며, 다른 사람을 비판한다. 이 근본적인 불안은 율법적인 바리새인의 의에 필사적으로 매달리고, 시기와 질투를 일삼는 죄로 표출된다!"

"무릇 더러운 말은 너희 입 밖에도 내지 말고 오직 덕을 세우는 데 소용되는 대로 선한 말을 하여 듣는 자들에게 은혜를 끼치게 하라 하나님의 성령을 근심하게 하지 말라 그 안에서 너희가 구원의 날까지 인치심을 받았느니라" 엡 4:29-30

사랑하는 성도 여러분, 우리에게 은혜의 새 시대, 새 언약을 주시기 위해 예수님이 당하신 십자가 고난을 잊어서는 안 됩니다. 예수님을 믿기 전과는 철저히 변화된 모습, 달라진 모습으로 주님이 허락하신 은혜 안에 살아가는 우리 모두가 되기를 소원합니다.

갈라디아서 4장 12-20절

12 형제들아 내가 너희와 같이 되었은즉 너희도 나와 같이 되기를 구하노라 너희가 내
게 해롭게 하지 아니하였느니라
13 내가 처음에 육체의 약함으로 말미암아 너희에게 복음을 전한 것을 너희가 아는
바라
14 너희를 시험하는 것이 내 육체에 있으되 이것을 너희가 업신여기지도 아니하며 버
리지도 아니하고 오직 나를 하나님의 천사와 같이 또는 그리스도 예수와 같이 영
접하였도다
15 너희의 복이 지금 어디 있느냐 내가 너희에게 증언하노니 너희가 할 수만 있었더라
면 너희의 눈이라도 빼어 나에게 주었으리라
16 그런즉 내가 너희에게 참된 말을 하므로 원수가 되었느냐
17 그들이 너희에게 대하여 열심 내는 것은 좋은 뜻이 아니요 오직 너희를 이간시켜 너
희로 그들에게 대하여 열심을 내게 하려 함이라
18 좋은 일에 대하여 열심으로 사모함을 받음은 내가 너희를 대하였을 때뿐 아니라 언
제든지 좋으니라
19 나의 자녀들아 너희 속에 그리스도의 형상을 이루기까지 다시 너희를 위하여 해산
하는 수고를 하노니
20 내가 이제라도 너희와 함께 있어 내 언성을 높이려 함은 너희에 대하여 의혹이 있
음이라

10 그리스도의 형상을 이루기까지

본문 말씀 : 갈라디아서 4장 12-20절

바울은 갈라디아 교인들을 참된 복음, 은혜의 길로 이끌기 위해 처음 그들에게 가서 복음을 전했던 때를 회상시켜 주었습니다. 그래서 바울이 그들을 얼마나 사랑했고 그들을 위해 얼마나 헌신했었는지 다시 한번 확인시켜 주었습니다.

1. 갈라디아에 처음 복음 전할 때

바울은 갈라디아 지역에 처음으로 복음을 전할 때인 제1차 선교여행 때(행 13-14장)를 회상하며 편지를 썼습니다.

12 형제들아 내가 너희와 같이 되었은즉 너희도 나와 같이 되기를 구하노라 너희가 내게 해롭게 하지 아니하였느니라 갈 4:12

바울은 유대인이었지만, 이방인인 갈라디아 교인들을 섬길 때 유대 율법 아래서 살지 않았다는 점에서 이방인과 입장이 같았습니다.

"율법 없는 자에게는 내가 하나님께는 율법 없는 자가 아니요 도리어 그리스도의 율법 아래에 있는 자이나 율법 없는 자와 같이 된 것은 율법 없는 자들을 얻고자 함이라" 고전 9:21

바울은 갈라디아 교인들에게 자신과 같이 '복음의 진리를 따를 것'을 권면했습니다. 즉 율법에 대하여 죽고(갈 2:19), 그리스도에 대하여 오직 믿음으로 살 것(2:20)을 권면한 것입니다.

이방인인 갈라디아 교인들 등 일부가 거짓 교사들의 꼬임에 넘어가, 유대교의 절기와 음식법을 준수하고 할례를 받는 것이 제대로 구원받는 길이라 믿게 되었기 때문입니다.

바울이 처음 그들에게 이신칭의의 복음을 전할 때, 그들은 순순히 바울이 전한 복음을 받아들였었습니다. 바울이 갈라디아의

한 지역이었던 비시디아 안디옥의 회당에서 설교를 했을 때, 그곳 사람들은 폭발적인 반응을 보이기도 했습니다.

"그들이 나갈새 사람들이 청하되 다음 안식일에도 이 말씀을 하라 하더라 회당의 모임이 끝난 후에 유대인과 유대교에 입교한 경건한 사람들이 많이 바울과 바나바를 따르니 두 사도가 더불어 말하고 항상 하나님의 은혜 가운데 있으라 권하니라 그 다음 안식일에는 온 시민이 거의 다 하나님의 말씀을 듣고자 하여 모이니" 행 13:42-44

그때 사도 바울은 육체의 약함을 지니고 있었습니다.

> 13 내가 처음에 육체의 약함으로 말미암아 너희에게 복음을 전한 것을 너희가 아는 바라 갈 4:13

'육체의 약함'은 고후 12:7-10에서 언급한 '육체의 가시'를 뜻합니다. 또한 계속되어진 환난과 핍박을 통해 다가온 육체의 고통을 의미한다고도 할 수 있습니다.

"여러 계시를 받은 것이 지극히 크므로 너무 자만하지 않게 하시려고 내 육체에 가시 곧 사탄의 사자를 주셨으니 이는 나를 쳐서 너무 자만하지 않게 하려 하심이라" 고후 12:7

바울은 육신의 연약함으로 인해 원래 계획했던 것보다 갈라디아에 더 머물며 복음을 전하게 되었습니다. 바울이 가진 이러한 육신의 연약함이 비난거리가 될 수 있지만 갈라디아 교인들의 반응은 전혀 그렇지 않았습니다.

> 14 너희를 시험하는 것이 내 육체에 있으되 이것을 너희가 업신여기지도 아니하며 버리지도 아니하고 오직 나를 하나님의 천사와 같이 또는 그리스도 예수와 같이 영접하였도다 갈 4:14

바울의 질병은 무엇인지 정확히 알 수 없지만, 그것은 분명 복음을 받아들이는 자들에게 시험거리가 될만한 것이었던 것 같습니다. 그 질병이 무엇인지 추측할만한 근거는 먼저 '버리지도 아니하고'라는 말인데, 이 말의 원어적 의미는 '침을 뱉지 않았다'입니다.

당시 사람들은 간질과 같은 증상을 보이는 사람에게 침을 뱉었다고 하는 기록이 있어서 바울의 질병이 간질이라고 추정하기도 합니다. 또는 15절에서 바울이 '너희의 눈이라도 빼어…'라고 말하는 것을 근거로 '안질'을 앓았다고 추정하기도 합니다.

당시 사람들은 질병의 원인이 귀신의 역사라고 믿는 경향이 강했기 때문에 바울은 자신이 가진 질병을 갈라디아 교인들이 시험거리로 받아들일 수도 있다고 여겼습니다.

그러나 갈라디아 교인들은 바울을 멸시하거나 외면하지 않고, 오히려 바울을 하나님이 보낸 천사처럼, 심지어 예수님처럼 영접했습니다. 이처럼 제1차 선교여행 때 바울과 갈라디아 교인들의 관계는 아무런 문제가 없었습니다.

갈라디아 교인들은 바울이 전한 복음을 통해 예수 그리스도를 믿음으로써 하나님의 자녀가 되었고, 성령충만의 은혜를 입었고, 아브라함의 복을 누리는 하나님 나라의 진정한 상속자가 되었습니다.

우상숭배를 하던 이방인으로서 전혀 알지도, 상상치도 못했던 복을 받은 것입니다. 그런데 갈라디아 교인들이 거짓 교사들의 꼬임에 넘어가 그 모든 복을 잃어버리고, 바울과의 관계도 깨어질 위기에 놓였습니다.

15 너희의 복이 지금 어디 있느냐 내가 너희에게 증언하노니 너희가 할 수만 있었더라면 너희의 눈이라도 빼어 나에

게 주었으리라 갈 4:15

'너희의 복이 지금 어디 있느냐?'라는 말의 원어적 의미는 '너희가 처음에 (바울로부터 복음을 처음 들었을 때) 복이라고 여겼던 것이 지금은 어디로 갔느냐?'라는 뜻입니다. 바울에게서 처음 복음을 접했을 때 갈라디아 사람들은 크게 기뻐했고 그것을 복으로 여겼기에 바울은 그때의 상황을 "너희가 할 수만 있었더라면 너희의 눈이라도 빼어 나에게 주었으리라."라고 묘사했습니다.

'눈을 빼주다'라는 표현은 앞서 말한 것처럼 바울이 가진 질병을 '안질'로 생각하게 해주는 표현이기도 합니다. 또한 상징적으로 당시 사람들은 '눈'을 신체 부위 중에 가장 귀한 것으로 생각했기 때문에 갈라디아 교인들이 바울을 위해 어떤 것도 다 내어줄 수 있는 그런 마음을 가지고 있었다고 이해할 수 있습니다.

그런데 바울의 지금 이 순간의 질문은 그 모든 것이 지금은 어디로 다 가버렸냐고 그들을 책망하는 것입니다.

거짓 교사들의 꼬임에 넘어간 갈라디아 교인들은 복음을 처음 듣고 예수님을 믿었을 때의 그 감격, 그 복음을 전해준 바울에 대한 감사와 절절한 애정을 거의 잃어버리고 만 것입니다.

이러한 바울의 심정을 워런 위어스비 목사님은 부모의 심정에 빗대어 이렇게 말했습니다.

"자녀들은 어릴 때에는 부모의 품 안에 있으나, 자라고 나면 부모의 마음속에 있다. 그들은 어릴 때는 부모의 발가락을 짓밟지만, 자라면 부모의 마음을 짓밟는다. 이것은 바울이 갈라디아 신자들의 혼란스런 영적 생활을 돕고자 했을 때 경험한 것이다."

2. 달라진 갈라디아 사람들

바울을 위해서라면 어떤 것도 아끼지 않았던 갈라디아 교인들의 일부가 거짓 교사의 꼬임에 넘어간 후로는 바울과의 관계가 틀어져버렸습니다.

> 16 그런즉 내가 너희에게 참된 말을 하므로 원수가 되었느냐 갈 4:16

바울은 갈라디아 교인들과의 관계가 위기에 놓인 것을 너무도 안타깝게 생각했습니다. 바울은 자신을 그토록 아끼고 사랑했던 갈라디아 교인들이 이제는 자신을 원수처럼 여긴다고 느끼게 되었습니다.

그런데 문제는 그렇게 된 이유가 안타깝게도 바울이 처음 그들을 만났을 때와 마찬가지로 참된 말, 곧 복음의 진리를 충실히 전하고 있기 때문이었습니다. 변한 것은 바울이 아니라 갈라디아 교인들이었고, 바울은 여전히 복음의 진리에 충실했지만 갈라디아 교인들은 거짓 교사들의 꼬임에 넘어가 율법주의에 빠져들고 있었습니다.

바울은 갈라디아 교인들에게 거짓 교사들의 실체에 대해 좀 더 명확히 분별해줄 필요가 있었습니다.

> 17 그들이 너희에게 대하여 열심 내는 것은 좋은 뜻이 아니요 오직 너희를 이간시켜 너희로 그들에게 대하여 열심을 내게 하려 함이라 갈 4:17

거짓 교사들은 좋은 뜻으로, 즉 갈라디아 교인들을 진실한 마음으로 섬기려는 뜻을 가지고 그들에게 접근한 것이 아니었습니다. 그들은 갈라디아 교인들의 호의를 얻으려고 겉으로는 열심을 냈지만 속마음에는 매우 악한 동기가 있었던 것입니다.

그들은 먼저 바울과 갈라디아 교인들 사이를 이간질시키기를 원했습니다. 바울과 갈라디아 교인들을 떼어놓기 원했던 것입니다. 그래야 자신들의 입맛에 맞게 갈라디아 교인들을 요리할 수 있었기 때문입니다. 또한 그렇게 함으로써 갈라디아 교인들을 자신들의 영향력 아래에 놓고 자신들이 가르치는 바대로 율법 준수와 할례 받음을 통해 유대화시킬 수 있었기 때문입니다.

이러한 거짓 교사들의 모습은 바로 오늘날 범람하는 이단들의 모습이며, 성경에서 경계하라고 경고하는 있는 자들의 모습입니다.

"형제들아 내가 너희를 권하노니 너희가 배운 교훈을 거슬러 분쟁을 일으키거나 거치게 하는 자들을 살피고 그들에게서 떠나라 이같은 자들은 우리 주 그리스도를 섬기지 아니하고 다만 자기들의 배만 섬기나니 교활한 말과 아첨하는 말로 순진한 자들의 마음을 미혹하느니라" 롬 16:17-18

갈라디아 교인들은 참된 복음, 참된 믿음에서 멀어짐으로써 예수 그리스도에게서 떨어져나갈 위기에 놓였고, 궁극적으로 하나님과의 관계가 단절될 위기에 처하게 되었습니다.

그래서 바울은 잘못된 구원관을 심어주고, 신앙의 기초를 흔드는 거짓 교사들에 대해 강하게 비판했습니다.

18 좋은 일에 대하여 열심으로 사모함을 받음은 내가 너희를 대하였을 때뿐 아니라 언제든지 좋으니라 갈 4:18

거짓 교사들이 좋은 뜻으로 갈라디아 교인들에게 열심을 냈다면 바울이 그들을 비판할 이유가 전혀 없습니다. 심지어 바울이 갈라디아 교인들과 함께 있을 때에 그들이 와서 좋은 뜻으로 열심을 낸다고 한다면 그들을 반대할 이유가 전혀 없다고 밝힙니다. 우리는 바울의 이러한 사심 없는, 순수하고 깨끗한 마음을 본받아야 합니다.

존 웨슬리 목사님은 "어떤 열심인가?"라는 제목의 설교에서 이렇게 말했습니다.

> "종교적인 열심이라고 불리는 모든 것이 다 그 이름에 합당한 것은 아닙니다. 만약에 그것이 사랑과 결합되어있지 않다면, 그것을 종교적 열심, 또는 기독교적 열심이라고 말할 수 없습니다. '그리스도인의 열심은 사랑이 전부여야 한다'는 것은 분명한 진리입니다. 다른 것은 필요 없습니다. 오직 하나님과 사람에 대한 사랑이 그 본질의 전부입니다!"

특히 우리는 선한 일을 행하는 데에 한마음, 한뜻이 되어 서로 다툼과 갈등이 없을 때 많은 열매를 맺을 수 있습니다. 그러나 선한 일을 한다고 할지라도 개인의 탐욕이 들어가면 항상 다툼과 분쟁이 생기게 됩니다.

그러므로 우리는 겸손한 마음을 가지고, 오직 예수님 중심으로 주님의 영광을 나타내는 일에 하나가 되어야 합니다.

"서로 마음을 같이하며 높은 데 마음을 두지 말고 도리어 낮은 데 처하며 스스로 지혜 있는 체 하지 말라" 롬 12:16

3. 그리스도의 형상을 이루기까지

거짓 교사들의 이간질과 잘못된 열심으로 바울과 갈라디아 교인들의 관계가 어그러지고, 갈라디아 교인들은 참된 복음의 가르침에서 멀어지고 있었습니다. 그러나 바울은 끝까지 그들을 포기하지 않았습니다.

> 19 나의 자녀들아 너희 속에 그리스도의 형상을 이루기까지 다시 너희를 위하여 해산하는 수고를 하노니 갈 4:19

앞선 12절에서 바울은 갈라디아 교인들을 "형제들아" 이와 같이 불렀고, 여기서는 다시 "나의 자녀들아" 이와 같이 부르고 있습니다. 갈라디아 교인들은 거짓 교사들의 꼬임에 넘어가 바울이 자신을 원수같이 여긴다고 생각할 만큼 그들과의 관계가 깨어졌지만 바울은 그들을 향한 애정을 잃지 않았습니다.

바울은 갈라디아 교인들과의 깨어진 관계와 갈라디아 교인들의 무너진 신앙을 피부로 직접 느끼고 있었지만, 그들을 섬기는 노력을 다시 시작하고자 했습니다.

바울 입장에서 보면 영적으로 그들을 다시 낳아야 할 지경이었습니다.

그러나 바울은 그 해산하는 수고를 기꺼이 다시 한번 감당하겠노라고 말합니다. 이것이 바로 영적 아버지의 마음입니다.

"그리스도 안에서 일만 스승이 있으되 아버지는 많지 아니하니 그리스도 예수 안에서 내가 복음으로써 너희를 낳았음이라"

고전 4:15

그런데 이러한 영적 아버지의 마음, 즉 영적 자녀를 결코 포기하지 않는 마음은 목회자에게만 필요한 것이 아닙니다. 복음 전파의 사명을 가진 모든 사람은 이와 같은 뜨거운 사랑과 애정을 가지고 영적 자녀를 끝까지 포기해서는 안 됩니다. 하나님이 결실의 때를 허락하시면 반드시 열매를 맺게 됩니다.

"우리가 선을 행하되 낙심하지 말지니 포기하지 아니하면 때가 이르매 거두리라" 갈 6:9

그리고 끝까지 포기하기 않고 사랑하고 섬기는 마음이 바로 예수님의 마음이라는 것을 잊지 말아야 합니다.

"유월절 전에 예수께서 자기가 세상을 떠나 아버지께로 돌아가실 때가 이른 줄 아시고 세상에 있는 자기 사람들을 사랑하시되 끝까지 사랑하시니라" 요 13:1

바울이 갈라디아 교인들을 포기하지 않고 해산의 수고를 다시 하겠노라고 말하는 데에는 분명한 목표가 있었습니다. 그것은 바로 갈라디아 교인들이 '그리스도의 형상'을 회복하기 원했던 것입니다. 즉 믿음 안에서 그리스도와 하나가 되고, 교제하며, 그리스도를 닮아가는 여정을 다시 시작하기를 원했던 것입니다. 이는 율법주의로는 결코 불가능한 일입니다.

이것은 우리를 향한 하나님의 뜻과 계획이자, 우리가 일생 동안 힘써야 할 영적 목표입니다.

우리가 예수를 믿고 하나님의 자녀가 되었다는 것은 기독교라는 종교를 가지고 교회를 다니는 것으로 끝나는 것이 결코 아닙니다. 우리의 전인격이 우리 구주 예수님을 닮아가야 합니다.

종교개혁자 존 칼빈은 이렇게 말했습니다.

> "만일 훌륭한 목사가 되기를 원한다면, 그 목회자는 자신의 청중들 속에 그리스도의 형상을 이룰지어다."

언제, 어디서, 무엇을 하고, 누구를 만나든지, 예수님을 닮은 모습으로 살아가야 합니다. 그러려면 첫째도 예수님, 둘째도 예수님, 마지막도 예수님이 되어야 합니다.

또한 이 목표는 결코 그 어떤 것과도 타협될 수도 없고, 희석될 수도 없는 하나님의 분명한 뜻과 계획이기 때문에 바울은 갈라디아 교인들을 다시 만나 하루 속히 회복시키기를 원한다는 뜻을 밝힙니다.

> 20 내가 이제라도 너희와 함께 있어 내 언성을 높이려 함은 너희에 대하여 의혹이 있음이라 갈 4:20

물론 바울은 갈라디아 교인들에게 다시 갈 형편이 되지 못했습니다. 그렇기 때문에 먼저 편지를 보낸 것입니다. 여기서 '내 언성을 높이려 함'이란 화가 나서 소리를 치고 싶다는 뜻이 아니라 글보다는 직접 만나 말로써 의사소통하고 싶다는 마음이 간절하다는 뜻입니다.

그리고 '너희에 대하여 의혹이 있다'라는 것은 바울이 그들의 변질된 신앙에 대한 이야기를 들었을 때 매우 당황스러웠다는 의미입니다. 이 구절에서 역시 갈라디아 교인들을 향한 바울의 절절한 사랑과 안타까운 마음을 느낄 수 있습니다.

사랑하는 성도 여러분, 우리는 여기서 훌륭한 영적 지도자를 만나는 것이 얼마나 중요하며, 또한 영적 지도자와 좋은 관계를 유지하는 것 역시 중요한 일이라는 것을 배울 수 있습니다. 가르치는 자나 가르침을 받는 자나, 주님 안에서, 믿음 안에서 하나가 되십시오. 특히 하나님의 말씀을 전하고 가르치는 사명을 가진 영적 지도자를 위해 기도하고 순종하여 하나님의 은혜의 품에 거하시기를 축원합니다.

"가르침을 받는 자는 말씀을 가르치는 자와 모든 좋은 것을 함께 하라" 갈 6:6

갈라디아서 4장 21-31절

21 내게 말하라 율법 아래에 있고자 하는 자들아 율법을 듣지 못하였느냐
22 기록된 바 아브라함에게 두 아들이 있으니 하나는 여종에게서, 하나는 자유 있는 여
자에게서 났다 하였으며
23 여종에게서는 육체를 따라 났고 자유 있는 여자에게서는 약속으로 말미암았느니라
24 이것은 비유니 이 여자들은 두 언약이라 하나는 시내 산으로부터 종을 낳은 자니
곧 하갈이라
25 이 하갈은 아라비아에 있는 시내 산으로서 지금 있는 예루살렘과 같은 곳이니 그가
그 자녀들과 더불어 종 노릇 하고
26 오직 위에 있는 예루살렘은 자유자니 곧 우리 어머니라
27 기록된 바 잉태하지 못한 자여 즐거워하라 산고를 모르는 자여 소리 질러 외치라 이
는 홀로 사는 자의 자녀가 남편 있는 자의 자녀보다 많음이라 하였으니
28 형제들아 너희는 이삭과 같이 약속의 자녀라
29 그러나 그 때에 육체를 따라 난 자가 성령을 따라 난 자를 박해한 것 같이 이제도
그러하도다
30 그러나 성경이 무엇을 말하느냐 여종과 그 아들을 내쫓으라 여종의 아들이 자유 있
는 여자의 아들과 더불어 유업을 얻지 못하리라 하였느니라
31 그런즉 형제들아 우리는 여종의 자녀가 아니요 자유 있는 여자의 자녀니라

11

자유 있는 여자의 자녀

본문 말씀 : 갈라디아서 4장 21-31절

우리의 신앙생활에서 무엇보다 중요한 것은 바로 우리의 정체성을 분명히 아는 것입니다. 우리는 복음을 듣고 예수 그리스도를 믿음으로써 하나님의 자녀가 되었습니다. 이것은 우리의 어떠한 노력이나 공로 때문이 아니라 전적인 하나님의 은혜로 이루어졌습니다. 오직 예수 그리스도의 보혈의 공로를 힘입어 성령 안에서 죄와 사망으로부터 자유함을 받은 것입니다.

"그러므로 이제 그리스도 예수 안에 있는 자에게는 결코 정죄함이 없나니 이는 그리스도 예수 안에 있는 생명의 성령의 법이 죄와 사망의 법에서 너를 해방하였음이라" 롬 8:1-2

그런데 이러한 구원의 은혜와 축복은 어느 날 갑자기 이루어진 것이 아닙니다. 하나님은 믿음의 조상 아브라함을 부르실 때부터, 그리고 임신이 불가능한 사라를 통해 약속의 자녀 이삭을 주실 때부터 구원의 약속을 이미 말씀해 놓으셨습니다. 즉, 믿음으로 말미암아 의롭다 함을 받은 아브라함이 하나님의 약속을 따라 사라에게서 이삭을 낳은 것은 예수 그리스도를 믿는 모든 자들이 그 믿음으로 말미암아 약속의 자녀, 하나님의 자녀가 되는 것을 미리 보여주신 것입니다.

그럼에도 불구하고 유대주의자, 곧 거짓 교사들은 갈라디아 교회에 침투해서 잘못된 주장을 펼쳤습니다. 아브라함의 후손으로서 아브라함의 복을 받아 누리려면 이삭과 같은 자녀가 되어야 하는데, 이방인인 갈라디아 교인들은 본래 이스마엘과 같이 아브라함의 복을 상속받지 못하는 자들이었기 때문에 이삭과 같은 자녀가 되려면 할례를 받고 율법을 지켜야 한다는 것이었습니다.

이에 바울은 갈라디아 교인들에게 믿음으로 말미암아 전적인 하나님의 은혜로 구원받은 자들은 이미 이삭과 같은 '믿음으로 낳은 자녀', '은혜로 낳은 자녀'라는 것을 강조했습니다. 그러나 갈라디아 교인들은 믿음으로 말미암아 이미 약속의 자녀가 된 것을 알지 못하고 거짓 교사들의 꼬임에 넘어가 할례를 받고 율법을 지킴으로써 약속의 자녀가 되고자 했습니다.

1. 아브라함의 두 아들

바울은 갈라디아 교인들이 율법에 대해 전혀 모르고 있었기 때문에 이러한 어리석은 모습을 보였다고 생각했습니다.

> 21 내게 말하라 율법 아래에 있고자 하는 자들아 율법을 듣지 못하였느냐 갈 4:21

바울이 '율법 아래에 있고자 하는 자'라고 표현한 것에서 볼 수 있듯 갈라디아 교인들은 거짓 교사들의 꼬임에 넘어갔지만 완전히 유대화된 것은 아니었습니다. 정확히 말하면, '율법 아래'에 있었다기보다는 '율법 아래에 있고자' 했습니다.

그러나 그들은 율법이 말하는 바가 무엇인지 알지도 못했습니다. 따라서 바울은 율법이 무엇을 말하는가에 대해 그들에게 분명히 가르쳐줘야 했습니다.

그 당시 율법이라는 단어는 두 가지 의미로 사용되었습니다. 첫째, 율법이라는 단어에 관사가 포함된 경우에는 토라, 곧 모세

오경을 뜻하는 단어로 사용되었고, 둘째, 관사가 포함되지 않은 경우에는 하나님께서 주신 모든 율법 규정들을 뜻하는 단어로 사용되었습니다.

여기에서 바울은 관사 없이 율법이라는 단어를 사용했습니다. 따라서 '율법 아래 있고자 하는 자들'이란, 토라뿐만 아니라 모든 율법적 규례를 엄격히 실천하고자 하는 자들, 즉 거짓교사들에게 영향을 받아 유대인처럼 되려는 갈라디아 교인들을 의미합니다.

그런데 바울은 그들에게 '율법을 듣지 못하였느냐?'라고 물었습니다. 이는 그들이 하나님께서 율법을 주신 참목적, 곧 하나님께서 율법을 통해 말씀하시고자 하는 바의 의미를 깨닫지 못하고 있다는 것을 지적한 것이었습니다.

바울은 하나님께서 율법을 주신 목적에 대해 앞서 다음과 같이 말했습니다.

"이같이 율법이 우리를 그리스도께로 인도하는 초등교사가 되어 우리로 하여금 믿음으로 말미암아 의롭다 함을 얻게 하려 함이라" 갈 3:24

조셉 프린스 목사님은 이에 대해 『이기는 삶』에서 다음과 같이 말했습니다.

> "하나님께서는 한 가지 목적으로 율법을 주셨다. 그 목적이란, 세상으로 하여금 죄를 알게 하고, 구원자가 필요하다는 것을 자각시키기 위함이다. 율법은 우리를 인간의 한계로 데려가 하나님 앞에서 의로워질 수 있는 능력이 우리 안에 없다는 것을 깨우쳐주고, 그렇게 절망하는 가운데 예수님이 필요하다는 사실을 자각시키기 위해 하나님이 주신 것이다. 율법은 우리를 경건하게 하기 위해서가 아니라, 우리의 불경건함을 폭로하기 위해 하나님이 설계하신 것이다."

율법의 궁극적인 목표는 하나님을 사랑하라는 것입니다. 하나님을 향한 사랑은 믿음의 조상 아브라함의 후손들로서 하나님께 선택받은 백성들이 하나님께 보여야 할 마땅한 반응입니다.

"이스라엘아 들으라 우리 하나님 야훼는 오직 유일한 야훼이시니 너는 마음을 다하고 뜻을 다하고 힘을 다하여 네 하나님 야훼를 사랑하라" 신 6:4-5

이어서 바울은 갈라디아 교인들을 미혹하기 위해 거짓 교사들이 잘못 가르치고 있는 아브라함의 두 아들에 관해 이야기했습니다. 이 이야기는 창세기 16-17장과 21장을 배경으로 하고 있습니다.

> 22 기록된 바 아브라함에게 두 아들이 있으니 하나는 여종에게서, 하나는 자유 있는 여자에게서 났다 하였으며 갈 4:22

아브라함은 두 아들을 낳았습니다. 먼저 태어난 아들은 아브라함이 86세에 여종 하갈에게서 얻은 이스마엘이고, 그 다음에 태어난 아들은 아브라함이 100세에 사라에게 얻은 이삭입니다. 바울은 이 두 아들의 차이가 무엇이었는지 다음과 같이 설명했습니다.

> 23 여종에게서는 육체를 따라 났고 자유 있는 여자에게서는 약속으로 말미암았느니라 갈 4:23

이스마엘과 이삭의 결정적인 차이는 출생의 방식이었습니다. 이스마엘은 아브라함과 사라가 인간적인 생각과 노력으로 혈통을 잇고자 낳은 아들이었고, 이삭은 하나님께서 아브라함에게 주신 약속의 결과로서 믿음으로 낳은 아들이었습니다.

"하나님이 이르시되 아니라 네 아내 사라가 네게 아들을 낳으리니 너는 그 이름을 이삭이라 하라 내가 그와 내 언약을 세우리니 그의 후손에게 영원한 언약이 되리라" 창 17:19

약속은 육체에 정반대되는 것입니다. 이스마엘이 인간적, 육신적인 노력으로 낳은 아들이라면, 이삭은 약속을 따라 하나님의 전적인 은혜와 기적을 통해 낳은 아들입니다.

하갈을 통해 이스마엘을 낳은 것은 인간적, 육신적인 노력의 결과이기 때문에 시내 산에서 주어진 옛 언약인 율법 준수를 통해 구원을 받으려는 거짓 교사들의 모습과 일맥상통합니다.

반면에, 사라를 통해 이삭을 낳은 것은 하나님의 언약이 성취된 결과이며 하나님의 전적인 은혜로 주어진 결과입니다. 이것은 복음이라는 새 언약을 듣고 예수 그리스도를 믿음으로써 하나님의 전적인 은혜로 구원을 받은 그리스도인들의 모습과 일맥상통합니다.

"너희는 그 은혜에 의하여 믿음으로 말미암아 구원을 받았으니 이것은 너희에게서 난 것이 아니요 하나님의 선물이라" 엡 2:8

하나님께서 베푸신 구원을 인간의 노력이나 공로로 받을 수 있었던 때는 단 한 번도 없었다는 것을 우리는 반드시 기억해야 합니다.

2. 약속의 자녀

바울은 아브라함의 아들을 낳은 하갈과 사라, 그리고 두 아들이 의미하는 바를 더욱 상세하게 설명했습니다.

> 24 이것은 비유니 이 여자들은 두 언약이라 하나는 시내 산으로부터 종을 낳은 자니 곧 하갈이라 갈 4:24

사라와 하갈은 두 언약을 상징합니다. 먼저 하갈은 옛 언약인 시내 산 언약을 상징하고, 사라는 새 언약인 복음을 상징합니다. 왜냐하면 시내 산 언약, 곧 율법은 하갈의 신분처럼 우리를 종노릇하게 하고, 새 언약인 복음은 사라의 신분처럼 우리에게 자유를 가져다주기 때문입니다.

바울이 이와 같은 비유를 말했던 근거는 무엇일까요?

25 이 하갈은 아라비아에 있는 시내 산으로서 지금 있는 예루살렘과 같은 곳이니 그가 그 자녀들과 더불어 종 노릇 하고 갈 4:25

유대인들은 하갈과 이스마엘이 아브라함의 가정에서 쫓겨난 후에 거주했던 지역이 당시 나바테아 왕국의 수도였던 '페트라'라고 생각했습니다. 그리고 시내 산이 페트라 근교에 있는 아라비아 광야에 있다고 여겼습니다. 또한 페트라 인근, 아라비아 광야의 중심부에 있는 시내 산의 이름을 그 지역 사람들은 '하그라' 또는 '하갈'이라고 발음했습니다. 바울은 회심한 후에 아라비아 광야에서 3년간 지냈기 때문에 이에 대해 너무도 잘 알고 있었습니다.

그런데 중요한 것은 시내 산 언약, 곧 율법을 따르는 자들의 형편이었습니다. 바울은 율법이 수여된 시내 산이 하갈이라고 말했습니다. 왜냐하면 시내 산에서 받은 언약, 곧 율법을 따르는 자들은 율법의 종노릇을 하고 있었기 때문입니다.

또한 바울은 유대인들의 성지인 예루살렘을 하갈이라고 말했습니다. 시내 산 언약, 곧 율법을 통해 의롭게 되고자 하는 유대인들에게 있어서 예루살렘은 두말할 나위 없이 중요한 장소였습니다. 유대인들은 하나님께서 베푸시는 구원 역사가 아브라함과 사라 그리고 이삭을 통해 시작되었고, 시내 산에서 모세에게 주어진 율법을 통해 확장되었다고 믿었으며, 성전이 세워진 예루살렘을 그 모든 구원 역사가 구체화되고 완성되는 현장으로 여겼습니다.

그러나 바울은 그 예루살렘이 하갈이라고 말했습니다. 왜냐하면 하나님께 택함받은 이스라엘의 수도인 예루살렘은 여전히 예수님을 믿지 않는 유대인들의 본거지였고, 그 결과 예루살렘은 바벨론 포로기인 이사야 시대와 마찬가지로 강대국에 종노릇하는 상태로 있었기 때문입니다. 따라서 땅에 있는 예루살렘은 하나님의 구원 역사에 있어서 그 지위나 상징성을 찾을 수 없게 되었습니다.

바울은 하나님의 구원 역사가 완성되는 곳은 지상의 예루살렘이 아닌 천상의 예루살렘이라는 것을 밝혔습니다.

> 26 오직 위에 있는 예루살렘은 자유자니 곧 우리 어머니라 갈 4:26

천상의 예루살렘은 예수 그리스도를 믿음으로 말미암아 죄와 사망으로부터 자유함을 받은 자들만이 갈 수 있는 곳입니다. 아브라함이 사라를 통해 낳은 이삭과 같은 자녀, 곧 참된 아브라함의 자녀들이 거하는 곳은 지상의 예루살렘이 아니라 천상의 예루살렘입니다.

바울은 이사야 54장 1절을 인용해서 예수 그리스도의 복음을 믿고 참자유를 누리는 사라의 자녀들에게 임하는 축복에 대해 설명했습니다.

> 27 기록된 바 잉태하지 못한 자여 즐거워하라 산고를 모르는 자여 소리 질러 외치라 이는 홀로 사는 자의 자녀가 남편 있는 자의 자녀보다 많음이라 하였으니 갈 4:27

이사야 54장 1절은 일차적으로 바벨론에 포로로 끌려간 남 왕국 유다 사람들에게 하나님께서 주셨던 소망의 말씀입니다. 바울은 이 구절을 자녀를 낳지 못해 괴로움을 당하는 사라에게 적용되는 말씀으로 인용했습니다. 사라는 이삭을 낳기 전까지 잉태하지 못하는 여인으로서 괴로움을 당했고, 이는 남편 없는 여자의 형편과도 같은 것이었습니다.

그러나 하나님의 때에 하나님께서 주신 약속의 말씀이 이루어져 사라는 이삭을 낳았고, 이를 통해 하늘의 별과 같이 수많은 믿음의 자녀들의 어머니가 될 수 있었습니다. 그래서 시내 산 율법이 아닌 이신칭의의 복음을 듣고 예수 그리스도를 믿은 사람만이 이삭과 같은 약속의 자녀가 되는 것입니다.

28 형제들아 너희는 이삭과 같이 약속의 자녀라 갈 4:28

아브라함이 여종 하갈에게서 낳은 이스마엘은 육신을 따라 낳은 종의 아들이었습니다. 시내 산에서 받은 언약, 곧 율법은 죄와 사망을 근본적으로 해결하기 위해 주신 것이 아니기 때문에 율법 준수로 구원을 받으려고 하면 율법의 종노릇을 하게 됩니다. 율법 준수를 통해 구원을 얻고자 하는 것은 아브라함이 육신을 따라 하갈에게서 이스마엘을 얻은 것과 같이 육신을 의지하는 것입니다.

반면에, 아브라함이 자유자인 사라에게서 이삭을 낳은 것은 하나님의 약속에 따른 것이었고 믿음의 결과였기 때문에 이삭은 약속의 자녀, 믿음의 자녀였습니다. 또한 이삭은 인간의 능력이나 노력이 아닌 하나님의 은혜롭고 기적적인 능력으로 태어났습니다. 따라서 하나님께서 주신 새 언약을 듣고 예수 그리스도를 믿음으로 말미암아 구원을 받은 모든 사람은 이삭과 같은 약속의 자녀가 되는 것입니다.

밥 조지 목사님은 『우리가 누려야 할 은혜의 복음』에서 다음과 같이 말했습니다.

> "우리가 새 언약의 상속자인지 어떻게 알 수 있는가? 그 여부는 그 언약을 만든 분, 즉 예수 그리스도와의 관계를 통해 결정된다. '영접하는 자 곧 그 이름을 믿는 자들에게는 하나님의 자녀가 되는 권세를 주셨으니'(요 1:12). 당신은 그리스도를 영접했는가? 그 이름을 믿고 있는가? 하나님과 화목할 수 있는 유일한 길은 당신을 대신하여 기꺼이 십자가에서 돌아가신 하나님의 아들, 구주를 통해서만 가능하다는 것을 인정하는가? 만약 그렇다면, 담대하고 즐겁게 당신은 하나님의 자녀이며, 하나님의 상속자라고 선포할 수 있다!"

3. 유업을 얻을 자

바울은 사라와 하갈, 이삭과 이스마엘 사이에 있었던 갈등 관계를 율법주의에 빠진 유대인들과 이신칭의의 복음을 듣고 예수를 믿는 그리스도인들 사이의 갈등에 적용시켜 설명했습니다.

29 그러나 그 때에 육체를 따라 난 자가 성령을 따라 난 자

를 박해한 것 같이 이제도 그러하도다 갈 4:29

이스마엘은 육신을 따라 인간적인 노력의 산물로 태어난 아들이었고, 이삭은 하나님의 언약을 따라 하나님께서 베푸신 은혜와 기적으로 태어난 아들이었습니다. 바울은 이것을 그 당시 갈라디아 교인들의 상황과 성령 안에 거하는 삶에 적용시키기 위해 약속의 자녀를 '성령을 따라 난 자'라고 말했습니다.

바울이 적용한 이삭과 이스마엘의 갈등 상황은 다음과 같습니다.

"아이가 자라매 젖을 떼고 이삭이 젖을 떼는 날에 아브라함이 큰 잔치를 베풀었더라 사라가 본즉 아브라함의 아들 애굽 여인 하갈의 아들이 이삭을 놀리는지라" 창 21:8-9

바울이 볼 때 이것은 율법 준수라는 인간의 행위와 노력으로 구원을 얻으려는 율법주의자들이 복음을 듣고 예수 그리스도를 믿음으로써 성령으로 거듭난 그리스도인들을 박해하는 상황과 같았습니다.

특히 바울은 '성령을 따라 난 자를 박해한 것 같이'의 '박해하다'라는 단어의 시제를 미완료형으로 표현함으로써 율법주의자들의 박해가 일시적이거나 일회적이지 않고 지속되는 것임을 말했습니다.

그런데 중요한 것은 이삭과 이스마엘의 갈등 상황에서 하나님께서 내리신 판단입니다.

> 30 그러나 성경이 무엇을 말하느냐 여종과 그 아들을 내쫓으라 여종의 아들이 자유 있는 여자의 아들과 더불어 유업을 얻지 못하리라 하였느니라 갈 4:30

하나님은 아브라함에게 약속의 자녀인 이삭이 장자의 축복을 받아 유업을 이을 것이며, 아브라함의 복을 상속할 것이라고 말씀하셨습니다.

"그가 아브라함에게 이르되 이 여종과 그 아들을 내쫓으라 이 종의 아들은 내 아들 이삭과 함께 기업을 얻지 못하리라 하므로" 창 21:10

하나님은 아브라함이 인간적, 육신적인 노력을 통해 낳은 이스마엘이 하나님의 약속을 통해 낳은 이삭과 함께 상속자가 될 수 없다고 말씀하셨습니다.

이와 마찬가지로 인간적인 행위와 노력으로 구원을 얻고자 하는 율법주의자들은 하나님의 은혜와 성령의 역사 가운데 거듭난 그리스도인과 결코 공존할 수 없습니다. 그들의 잘못된 가르침과 사상은 하나님의 구원 역사에 쓰일 수 없다는 것을 바울이 밝히 드러낸 것이었습니다.

바울은 이방인이었으나 믿음으로 의롭다 함을 받고 하나님의 자녀가 된 갈라디아 교인들에게 올바른 정체성을 회복시켜주고자 했습니다.

> 31 그런즉 형제들아 우리는 여종의 자녀가 아니요 자유 있는 여자의 자녀니라 갈 4:31

바울은 갈라디아서 3장 1절부터 시작했던 옛 언약인 율법과 새 언약인 복음을 비교, 대조하는 작업을 4장 31절에서 끝마쳤습니다. 갈라디아 교인들은 새 언약인 복음을 듣고 예수 그리스도를 믿음으로써 약속의 자녀가 되었습니다. 그들은 하갈과 같은 종이 아니라 자유자인 사라가 낳은 이삭과 같이 유업을 이을 자녀들이 되었습니다.

그러므로 약속의 자녀라는 신분을 얻기 위해 율법 준수나 할례와 같은 인간적, 육신적인 노력을 더할 필요가 없습니다. 우리가 구원의 은혜를 받아 누리고 하나님 나라의 상속자가 되는 것은 전적인 하나님의 은혜입니다. 하나님의 구원 역사를 위해 필요한 모든 것은 예수님께서 이미 십자가에서 다 이루셨습니다. 구원을 위해 우리에게 필요한 것은 예수님께서 십자가에서 다 이루셨다는 것을 믿는 '믿음'뿐입니다.

"예수께서 신 포도주를 받으신 후에 이르시되 다 이루었다 하시고 머리를 숙이니 영혼이 떠나가시니라" 요 19:30

맥스 루케이도 목사님은 그리스도인이 하나님 나라의 상속자로서 유산을 누리지 못하는 이유에 대해서 다음과 같이 말했습니다.

> "그리스도 안에서 새롭게 태어나는 순간, 우리는 하나님의 왕가로 들어왔다. 우리는 그리스도와 같은 유산을 받았다 '그리스도와 함께한 상속자니'(롬 8:17). 그렇다면 우리는 왜 이렇게 힘겹게 살아가는가? 첫째, 우리가 받는 유산에 관해 모르기 때문이요, 둘째, 우리의 유산을 믿지 못하기 때문이다!"

이것을 자세히 설명하기 위해 목사님은 다음과 같은 비유를 함께 말했습니다.

> "많은 그리스도인이 자신의 회심을 일종의 세차로 여긴다. 지저분한 고물차로 들어가서 죄가 씻겨 깨끗한 고물차로 나온다고 생각한다. 하지만 그리스도를 믿으면 단순히 죄가 없어지는 것 이상의 일이 일어난다. 마치 연료를 많이 먹는 고물 엔진을 들어내고 최신의 최고급 스포츠카 엔진을 장착하는 것과 같다! 하나님은 망가진 낡은 엔진을 번쩍거리는 새 엔진으로 교체해주셨다. 그러므로 그저 가속 페달을 밟기만 하라! 하나님은 생명과 경건에 속한 모든 것을 우리에게 주셨다!"

사랑하는 성도 여러분, 그리스도인은 하나님의 은혜로 말미암아 구원받고 하나님 나라를 상속받은 약속의 자녀입니다. 우리는 복음을 듣고 예수 그리스도를 믿음으로 말미암아 구원받을 수 있습니다. 그 외에 다른 방법은 없습니다. 거짓 교사들이 갈라디아 교인들을 꾀었던 것처럼 세상의 수많은 거짓 가르침들이 그리스도인을 유혹합니다. 그들은 우리에게 스스로의 행위와 노력으로 구원을 이루라고 말합니다. 하지만 구원은 오직 하나님께 있으며, 전적인 하나님의 은혜인 것을 기억하십시오. 그리할 때 우리는 하나님의 자녀로서 범사에 감사한 삶을 살아갈 수 있습니다.

PART 3

성령 안에서 열매 맺는 삶

갈라디아서 5장 1-12절

1 그리스도께서 우리를 자유롭게 하려고 자유를 주셨으니 그러므로 굳건하게 서서
다시는 종의 멍에를 메지 말라
2 보라 나 바울은 너희에게 말하노니 너희가 만일 할례를 받으면 그리스도께서 너희
에게 아무 유익이 없으리라
3 내가 할례를 받는 각 사람에게 다시 증언하노니 그는 율법 전체를 행할 의무를 가진
자라
4 율법 안에서 의롭다 함을 얻으려 하는 너희는 그리스도에게서 끊어지고 은혜에서
떨어진 자로다
5 우리가 성령으로 믿음을 따라 의의 소망을 기다리노니
6 그리스도 예수 안에서는 할례나 무할례나 효력이 없으되 사랑으로써 역사하는 믿
음뿐이니라
7 너희가 달음질을 잘 하더니 누가 너희를 막아 진리를 순종하지 못하게 하더냐
8 그 권면은 너희를 부르신 이에게서 난 것이 아니니라
9 적은 누룩이 온 덩이에 퍼지느니라
10 나는 너희가 아무 다른 마음을 품지 아니할 줄을 주 안에서 확신하노라 그러나 너희
를 요동하게 하는 자는 누구든지 심판을 받으리라
11 형제들아 내가 지금까지 할례를 전한다면 어찌하여 지금까지 박해를 받으리요 그리
하였으면 십자가의 걸림돌이 제거되었으리니
12 너희를 어지럽게 하는 자들은 스스로 베어 버리기를 원하노라

12 우리를 자유롭게 하신 그리스도

본문 말씀 : 갈라디아서 5장 1-12절

바울의 서신은 대체로 전반부는 교리, 후반부는 실천에 대한 내용이 기록되어있습니다. 갈라디아서도 이같이 구성되어있습니다. 1장에서 4장까지는 이신칭의의 복음에 대한 교리적인 내용이 기록되어있고, 5장에서 6장까지는 앞서 언급한 교리적인 것을 삶에 적용하는 실천편이라고 볼 수 있습니다.

1. 그리스도인의 자유의 대헌장

1 그리스도께서 우리를 자유롭게 하려고 자유를 주셨으니

그러므로 굳건하게 서서 다시는 종의 멍에를 메지 말라 갈 5:1

바울은 그리스도인의 자유의 대헌장을 선포했습니다. 예수 그리스도께서 십자가 대속의 죽음과 부활을 통해 우리에게 주신 것은 바로 자유입니다. 자유는 '하나님 앞에서 그리스도인의 상태' 이자 '세상 죄, 사망에 대한 그리스도인의 상태'를 뜻합니다.

"그러므로 이제 그리스도 예수 안에 있는 자에게는 결코 정죄함이 없나니 이는 그리스도 예수 안에 있는 생명의 성령의 법이 죄와 사망의 법에서 너를 해방하였음이라" 롬 8:1-2

갈라디아서에서 바울이 선포한 자유는 율법과 옛 사람에서의 자유를 의미합니다. 예수 그리스도는 율법의 저주와 하나님의 심판을 가져오는 모든 죄악에서 우리를 자유하게 해주셨습니다. 율법을 준수하여 구원을 이루려는 태도는 예수님께서 주신 자유를 버리고, 스스로 종의 멍에를 쓰는 것입니다.

다음은 미국 아이오와 주에서 있었던 '자유로운 삶에 익숙하지 못한 사람'의 이야기입니다.

바비 홀더슨은 평생을 감옥에서 보낸 것으로 유명한 사람입니다. 임신 중이었던 그의 어머니가 무기 징역 선고를 받고 교도소에서 그를 낳는 바람에 그는 교도소에서 태어나게 되었습니다. 그는 교도소 측의 배려로 어머니와 함께 교도소에서 자라다가 학교에 갈 때가 되어 밖으로 나갈 수 있게 되었습니다.

하지만 워낙 교도소 생활에 익숙해져있다 보니 교도소에 있는 게 마음이 더 편하고, 교도소가 그에게 마치 집처럼 여겨졌습니다. 결국 그는 자유로운 바깥세상을 못 견디고 다시 감옥에서 살게 해달라고 호소했습니다. 그리고 교도소로 돌아와 나중에는 그 교도소의 교도관이 되어, 한평생 감옥에서 살다가 감옥에서 죽음을 맞이했습니다. 자신에게 주어진 자유를 누리지 못하고 스스로 감옥이라는 멍에를 쓴 것입니다.

바울은 종의 멍에를 쓰지 않기 위해 '굳건하게 서라'고 권면했습니다. 우리는 먼저 믿음 위에 굳게 서야 합니다.

"그러므로 너희가 그리스도 예수를 주로 받았으니 그 안에서 행하되 그 안에 뿌리를 박으며 세움을 받아 교훈을 받은 대로 믿음에 굳게 서서 감사함을 넘치게 하라" 골 2:6-7

또한 우리는 하나님의 말씀 위에 굳게 서야 합니다.

"그러므로 형제들아 굳건하게 서서 말로나 우리의 편지로 가르침을 받은 전통을 지키라" 살후 2:15

신앙생활은 혼자의 힘으로 할 수 없습니다. 교회 안에서 열심히 하나님께 예배드리고, 봉사와 성경공부에 참여하고, 같은 믿음을 가진 형제자매가 마음과 뜻을 합하여 하나가 되어 협력할 때 굳게 설 수 있습니다.

그런데 우리가 잊지 말아야 할 것은 예수님께서 우리를 율법에서 자유롭게 하신 것이 말씀을 벗어나 방종하게 살라는 뜻은 아니라는 것입니다.

미국의 유명한 작가이자 복음전도자인 팻 쉐츨라인은『세상에 무릎 꿇지 않는 자: 남은 자』란 책에서 다음과 같이 말했습니다.

> "은혜는 우리를 자유로 데려가는 운송수단이다. 그러나 그것이 세상처럼 살아도 된다는 면허증을 주는 것은 결코 아니다. 우리는 세상을 우리 편으로 끌어들이라는 부름을 받았지, 세상처럼 살라는 부름을 받지 않았다. 우리는 은혜를 전파하되, 계속 죄를 지어도 질끈 눈감아주시는 하나님의 눈으로서가 아니라 자유를 주려고 뻗으신 하나님의 팔로서

전해야 한다. 참된 자유는 회개를 생활화할 때, 그리고 은혜를 계속 죄를 짓는 것을 인가해주는 면허증으로 여기지 않을 때 온다!"

2. 율법과 은혜

바울은 거짓 교사들이 갈라디아 교인들에게 요구했던 할례가 기독교 신앙에 어떤 해악을 끼치는 것인지를 설명했습니다.

> 2 보라 나 바울은 너희에게 말하노니 너희가 만일 할례를
> 받으면 그리스도께서 너희에게 아무 유익이 없으리라 갈 5:2

'할례를 받으면 주님이 너희에게 아무 유익이 없다!'는 바울의 선언은 할례를 받으면 주님께 받을 은혜가 없다는 것을 의미합니다. 유대인이나 이방인이나 오직 믿음으로 구원받는 것이기 때문에 할례와 구원은 아무런 상관이 없습니다.

"할례나 무할례가 아무 것도 아니로되 오직 새로 지으심을 받는 것만이 중요하니라" 갈 6:15

이방인인 갈라디아 교인들이 율법에 복종하는 표시로, 또한 구원을 획득하는 데 믿음만으로는 불충분하다는 생각으로 할례를 받고자 했다면 그것은 기독교 신앙을 포기하는 것과 같은 일이었습니다.

바울은 그 이유에 대해 더욱 구체적으로 설명했습니다.

> 3 내가 할례를 받는 각 사람에게 다시 증언하노니 그는 율법 전체를 행할 의무를 가진 자라 갈 5:3

할례를 받는 것은 할례 받는 자체로 끝나는 것이 아니었습니다. 할례를 받는 것은 율법 전체에 대한 순종을 약속하는 것이었습니다. 만일 갈라디아 교인들이 할례를 받는다면 율법을 다 지켜 행해야 했으며, 율법을 다 지켜 행하지 못한다면 할례는 무의미해지는 것이었습니다.

이와 같이 율법을 통해 하나님 앞에서 의롭다 칭함을 받기 위해서는 율법 전체에 완벽하게 순종해야 합니다. 이것에 대해서 야고보서도 동일하게 말씀합니다.

"누구든지 온 율법을 지키다가 그 하나를 범하면 모두 범한 자가 되나니" 약 2:10

유대인이나 이방인이나 모두 죄 아래 있기 때문에 율법을 다 지켜 행할 수 있는 사람은 아무도 없습니다.

4 율법 안에서 의롭다 함을 얻으려 하는 너희는 그리스도에게서 끊어지고 은혜에서 떨어진 자로다 갈 5:4

할례를 받는다는 것은 율법 전체를 지키겠다는 약속이고, 율법 전체를 지키겠다고 하는 것은 인간의 노력으로 하나님 앞에 의롭다 함을 받고자 하는 시도입니다. 이러한 태도는 그리스도의 십자가 대속 사역을 믿는 자를 의롭다 하시고 구원의 은혜를 베푸시겠다는 새 언약을 정면으로 거부하는 것입니다. 거짓 교사들의 꼬임에 넘어가 할례를 받으면 주님과 주님께서 베푸신 은혜에서 떨어져 나가게 됩니다.

싱가포르 뉴크리에이션교회의 담임인 조셉 프린스 목사님은 율법과 은혜에 대해 다음과 같이 말했습니다.

"사탄은 인간을 하나님으로부터 더 멀리 떼어놓기 위해 율법을 무기로 이용한다. 하지만 하나님께서 옛 언약의 율법을 예수님의 십자가에 못 박은 이상 율법은 더 이상 우리를 정죄할 수 없고, 사탄은 무기를 잃을 수밖에 없다. 그러나 우리 자신을 다시 율법이라는 옛 언약 시스템에 예속시킨다면, 그래서 우리 자신의 행위와 노력으로 하나님의 복을 얻어내려 애쓴다면, 하나님이 사탄에게서 벗겨낸 무기를 다시 사탄의 손에 들려주게 된다! 아무리 열심히 율법을 지켜도, 아무리 많은 율법 조항을 준수해도, 우리는 하나님 앞에서 거룩해질 수 없다. 오직 예수님의 십자가 보혈만이 그렇게 할 수 있다!"

바울은 그리스도인이 가진 믿음이 얼마나 귀하고 중요한 것인지를 5절과 6절에서 설명했습니다.

5 우리가 성령으로 믿음을 따라 의의 소망을 기다리노니 갈 5:5

우리의 믿음은 성령으로 말미암아 우리에게 부어지고, 성령으로 말미암아 우리 안에 유지됩니다. 또한 우리가 가진 믿음은 의의 소망을 기다리게 합니다.

의의 소망이란 우리가 예수 그리스도를 믿을 때 받는 칭의에 대한 하나님의 최종적인 선언입니다. 이 세상에서 우리의 생명이 끊어져 저 천국에 이르렀을 때, 또는 주님께서 재림하실 때 하나님은 우리가 받은 칭의를 최종적으로 확정해주시고 구원을 완성해주십니다.

"나는 선한 싸움을 싸우고 나의 달려갈 길을 마치고 믿음을 지켰으니 이제 후로는 나를 위하여 의의 면류관이 예비되었으므로 주 곧 의로우신 재판장이 그 날에 내게 주실 것이며 내게만 아니라 주의 나타나심을 사모하는 모든 자에게도니라" 딤후 4:7-8

참된 믿음을 가진 자는 자신의 노력을 통해 완벽한 의를 이루려고 하지 않습니다. 그리스도인의 궁극적인 소망은 자신에게 있지 않고 하나님께 있다는 것을 알기 때문입니다. 그러므로 의인은 오직 믿음으로 사는 사람입니다.

6 그리스도 예수 안에서는 할례나 무할례나 효력이 없으되 사랑으로써 역사하는 믿음뿐이니라 갈 5:6

할례는 예수님께서 십자가 대속 사역을 통해 이루신 구원에 아무런 영향도 끼치지 못하는 것입니다. 할례는 구원과 아무런 상관이 없고, 구원에 기여하는 바가 전혀 없습니다. 그러나 믿음은 그렇지 않습니다. 믿음은 우리가 구원받는 데 반드시 필요합니다.

거짓 교사들은 그저 마음에 믿는다고 하면서 사람이 아무것도 하지 않으면 그 구원이 확실한 구원인지 어떻게 확신할 수 있겠느냐고 주장하며 바울이 전한 복음을 값싼 복음이라고 깎아내렸습니다.

하지만 참된 믿음은 사랑의 역사를 만들어냅니다. 믿음과 사랑은 동전의 양면과도 같아서 믿음이 있는 곳에 사랑이 함께 있고, 사랑이 없는 곳에 참된 믿음이 있을 수 없습니다. 따라서 우리의 구원이 값싼 구원이 되지 않고, 우리의 믿음이 진실로 살아 있는 믿음이 되려면 사랑의 수고, 헌신, 희생, 나눔의 실천이 함께 있어야 합니다.

"영혼 없는 몸이 죽은 것 같이 행함이 없는 믿음은 죽은 것이니라" 약 2:26

3. 너희를 요동하게 하는 자

바울은 다시 한번 거짓 교사들에게 미혹된 갈라디아 교인들을 책망하고 거짓 교사들에게 경고했습니다.

7 너희가 달음질을 잘 하더니 누가 너희를 막아 진리를 순종하지 못하게 하더냐 갈 5:7

갈라디아 교인들도 처음에는 이 믿음의 경주를 잘해나가고 있었습니다. 그런데 거짓 교사들이 침투해 그들을 미혹하고 그들의 경주를 막아섰습니다. 거짓 교사들은 갈라디아 교인들이 이신칭의의 복음, 곧 진리의 말씀에 순종하지 못하게 했습니다. 그러자 갈라디아 교인들이 믿음의 경주에서 이탈하여 주님의 은혜 밖에 놓일 위기에 처했던 것이었습니다.

바울은 거짓 교사들의 가르침은 결코 주님께로부터 온 것이 아니라는 점을 다시금 강조했습니다.

8 그 권면은 너희를 부르신 이에게서 난 것이 아니니라 갈 5:8

거짓 교사들은 성경에 기록된 할례나 율법에 대해 말하면서 이신칭의의 복음이라는 새 언약을 무력화시키기 위해 성경 말씀을 왜곡했습니다.

이처럼 하나님의 말씀을 교묘히 변조해 가르치는 이단의 미혹에 빠져서 영적으로, 그뿐만 아니라 삶 전체가 망가진 사례가 한국교회에 너무나도 많이 있습니다. 그러므로 우리는 교회 안에서 바른 교육을 받아야 합니다.

바울은 거짓 교사들의 가르침을 받아들였을 때 발생하는 위험을 누룩이 하는 일에 빗대어 설명했습니다.

9 적은 누룩이 온 덩이에 퍼지느니라 갈 5:9

누룩의 가장 큰 특징은 파급력과 확장성입니다. 누룩이 조금만 들어가도 온 빵에 발효가 진행되며, 누룩의 양과는 비교할 수 없이 빵이 크게 부풀어 오릅니다.

바울은 갈라디아 교인들이 거짓 교사들의 가르침을 조금이라도 수용하면 신앙 전체가 부패하게 된다는 것을 경고했습니다. 세상과 타협하고 죄의 유혹과 조금씩 타협하다 보면 신앙의 부패와 오염은 걷잡을 수 없이 심각해집니다.

따라서 교회 안에 잘못된 가르침을 가져오는 자는 처음부터 단호하게 대처해야 합니다. 우리는 거짓된 가르침을 절대로 수용해서는 안 됩니다.

"범사에 헤아려 좋은 것을 취하고 악은 어떤 모양이라도 버리라" 살전 5:21-22

바울은 갈라디아 교인들에 대한 확신을 표현함으로써 그들이 바른 신앙의 모습으로 설 수 있기를 권면했습니다.

> 10 나는 너희가 아무 다른 마음을 품지 아니할 줄을 주 안에서 확신하노라 그러나 너희를 요동하게 하는 자는 누구든지 심판을 받으리라 갈 5:10

바울은 진리의 복음을 거부하고 잘못된 가르침을 전함으로써 갈라디아 교인들의 믿음을 교란시킨 거짓 교사들은 반드시 심판을 받을 것이라고 경고했습니다.

그런데 거짓 교사들은 바울도 자신의 필요에 따라 할례를 지지했다고 바울을 비난했습니다. 바울은 이에 대해 다음과 같이 반박했습니다.

> 11 형제들아 내가 지금까지 할례를 전한다면 어찌하여 지금까지 박해를 받으리요 그리하였으면 십자가의 걸림돌이 제거되었으리니 갈 5:11

거짓 교사들이 바울에 대해 비난한 것은 바울이 제2차 선교여행 때 디모데를 데리고 가기로 하면서 그에게 할례를 받게 했던 것 때문이었습니다(행 16:1-3).

디모데처럼 유대인 어머니와 헬라인 아버지 사이에 태어난 자녀는 유대인으로 여겨졌지만 할례를 받아야 유대 사회에서 정식 유대인으로 인정받았습니다. 바울은 유대인들의 이러한 인식을 고려해서 디모데와 함께 선교 사역을 할 때 생겨날 수 있는 불필요한 잡음을 미연에 방지하고자 디모데에게 할례를 받게 했습니다. 즉, 디모데에게 할례를 받게 한 것은 바울의 선교 정책이었던 것입니다.

거짓 교사들이 주장했던 것처럼 바울은 구원의 조건으로서 디모데에게 할례를 받게 한 것이 아니었습니다. 만약 바울이 그들과 같은 동기로 디모데에게 할례를 받게 하고, 구원의 조건으로 성도들에게 할례를 요구했다면 거짓 교사들에게 공격받을 일이 없었습니다. 그리고 할례 받는 것이 구원의 조건에 포함된다면 바울이 전한 십자가를 통한 구원이라는 복음의 진리가 유대인들에게 걸림돌이 될 이유가 전혀 없었습니다.

끝으로, 바울은 거짓 교사들에 대해 혹독한 비판을 가했습니다.

> 12 너희를 어지럽게 하는 자들은 스스로 베어 버리기를 원하노라 갈 5:12

우리는 믿음의 길을 가고 있습니다. 믿음의 길은 언제나 십자가를 붙잡고 예수님 중심, 교회 중심의 신앙생활을 해나가는 것입니다. 또한 승리하는 삶을 살려면 믿음의 길에서 이탈시키는 이단 사설과 결코 타협해서도 안 되고, 율법주의적인 신앙 태도로 자기 의에 빠져서도 안 됩니다. 우리는 오직 믿음으로 살아야 합니다.

"복음에는 하나님의 의가 나타나서 믿음으로 믿음에 이르게 하나니 기록된 바 오직 의인은 믿음으로 말미암아 살리라 함과 같으니라" 롬 1:17

사랑하는 성도 여러분, 예수 그리스도의 십자가 대속 사역을 믿는 것 외에 다른 구원의 방법은 없습니다. 오직 예수 그리스도의 보혈만이 우리를 자유롭게 합니다. 인간의 행위로 구원을 받으려는 모든 노력은 인간 스스로 그것의 종이 되게 할 뿐입니다. 거짓 가르침의 유혹에 빠져 스스로 종의 멍에를 지는 우를 범하지 마십시오. 오직 믿음으로 살고 진리의 말씀 위에 바로 설 때 예수 그리스도께서 주시는 참자유를 누릴 수 있습니다.

갈라디아서 5장 13-26절

13 형제들아 너희가 자유를 위하여 부르심을 입었으나 그러나 그 자유로 육체의 기회
를 삼지 말고 오직 사랑으로 서로 종노릇 하라
14 온 율법은 네 이웃 사랑하기를 네 자신 같이 하라 하신 한 말씀에서 이루어졌나니
15 만일 서로 물고 먹으면 피차 멸망할까 조심하라
16 내가 이르노니 너희는 성령을 따라 행하라 그리하면 육체의 욕심을 이루지 아니
하리라
17 육체의 소욕은 성령을 거스르고 성령은 육체를 거스르나니 이 둘이 서로 대적함으
로 너희가 원하는 것을 하지 못하게 하려 함이니라
18 너희가 만일 성령의 인도하시는 바가 되면 율법 아래에 있지 아니하리라
19 육체의 일은 분명하니 곧 음행과 더러운 것과 호색과
20 우상 숭배와 주술과 원수 맺는 것과 분쟁과 시기와 분냄과 당 짓는 것과 분열함
과 이단과
21 투기와 술 취함과 방탕함과 또 그와 같은 것들이라 전에 너희에게 경계한 것 같이
경계하노니 이런 일을 하는 자들은 하나님의 나라를 유업으로 받지 못할 것이요
22 오직 성령의 열매는 사랑과 희락과 화평과 오래 참음과 자비와 양선과 충성과
23 온유와 절제니 이같은 것을 금지할 법이 없느니라
24 그리스도 예수의 사람들은 육체와 함께 그 정욕과 탐심을 십자가에 못 박았느니라
25 만일 우리가 성령으로 살면 또한 성령으로 행할지니
26 헛된 영광을 구하여 서로 노엽게 하거나 서로 투기하지 말지니라

13 성령을 따라 행하라

본문 말씀 : 갈라디아서 5장 13-26절

예수 믿고 복받은 하나님의 자녀에게 주어진 놀라운 축복은 율법의 저주, 죄와 사망에서 해방되어 참된 자유를 누리게 되었다는 것입니다. 하나님의 자녀가 된 우리는 죄의 노예로 살던 때의 모든 옛 사람의 습관을 벗어버리고, 주님의 말씀 안에서 기쁨과 평안을 누리며 무엇에도 얽매이지 않는 삶을 살게 되었습니다.

그러므로 우리는 참된 자유를 허락하신 하나님께 감사하며 날마다 하나님의 영광을 위해 살고, 성령충만을 사모하며, 성령님과 동행하는 삶을 살아가야 합니다.

1. 사랑으로 서로 종노릇하라

13 형제들아 너희가 자유를 위하여 부르심을 입었으나 그
러나 그 자유로 육체의 기회를 삼지 말고 오직 사랑으로 서
로 종 노릇 하라 갈 5:13

예수님의 십자가 대속의 은혜가 우리에게 가져다준 선물은 자유입니다. 하나님은 예수 그리스도를 통해 우리를 율법의 저주, 죄와 사망으로부터 자유롭게 하셨습니다.

주님께서 우리에게 주신 자유는 하나님의 종으로서 합당한 일에 사용해야 하는 자유입니다. 따라서 우리가 받은 자유를 육체의 일을 행하는 데 사용해서는 안 됩니다. 육체의 일이란 타락한 인간의 죄성과 그 죄성에서 나오는 욕구를 따라 행하는 일들을 말합니다.

특히 우리에게 주님께서 주신 자유가 있더라도 그 자유를 교회에 덕이 안되는 일, 다른 성도들로 하여금 시험에 들게 하는 일에 사용해서는 안 됩니다.

"그런즉 너희의 자유가 믿음이 약한 자들에게 걸려 넘어지게

하는 것이 되지 않도록 조심하라" 고전 8:9

우리는 주님 안에서 사랑의 종이 되어 서로를 섬기는 일에 우리가 받은 자유를 사용해야 합니다.

2017년은 종교개혁 500주년이 되는 해입니다. 1517년 종교개혁을 일으킨 마르틴 루터는 유명한 종교개혁 3대 논문 중 하나인 「그리스도인의 자유」를 작성했습니다.

이 논문은 그리스도인이란 무엇인지, 그리스도인은 그리스도께서 주신 자유를 어떻게 행해야 하는지를 다루고 있습니다. 루터는 이 논문에서 그리스도인은 믿음으로 의로워지고 자유로워졌지만, 이 믿음은 이웃을 향한 사랑으로 나타나야 한다고 말하고 있습니다.

이에 대해 루터는 다음과 같이 부연 설명했습니다.

"그리스도인은 그리스도와 그의 이웃 안에서 사는 사람이다. 신앙으로 주 안에서 살고 사랑으로 이웃 안에서 산다. 신앙을 통해 그는 자신을 넘어 하나님에게 이르며, 사랑을 통해 하나님에게서 자신을 낮추어 다시금 이웃에게 이른다. 그는 항상 하나님과 그의 사랑 가운데 머문다. 보라, 이

것이 참된 영적인 그리스도인의 자유이다!"

우리가 서로 사랑으로 섬기는 것은 율법을 통해 제시된 하나님의 뜻을 이루는 것입니다.

14 온 율법은 네 이웃 사랑하기를 네 자신 같이 하라 하신 한 말씀에서 이루어졌나니 갈 5:14

율법의 정신을 한마디로 말한다면, 바로 사랑입니다. 사랑은 곧 '하나님 사랑, 이웃 사랑'을 말합니다. 하나님을 사랑하는 것과 이웃을 사랑하는 것은 하나의 계명이라고 할 수 있습니다. 한 율법교사가 예수님께 가장 큰 계명이 무엇이냐고 물었을 때, 예수님은 다음과 같이 대답하셨습니다.

"예수께서 이르시되 네 마음을 다하고 목숨을 다하고 뜻을 다하여 주 너의 하나님을 사랑하라 하셨으니 이것이 크고 첫째 되는 계명이요 둘째도 그와 같으니 네 이웃을 네 자신 같이 사랑하라 하셨으니 이 두 계명이 온 율법과 선지자의 강령이니라" 마 22:37-40

여기서 주목해야 할 대목은 하나님 사랑이 첫째 계명이고 이웃 사랑이 둘째 계명인데, 둘째 계명을 말씀하실 때 '둘째도 그와 같으니'라고 말씀하셨다는 것입니다.

이것은 이웃을 사랑하는 것이 곧 하나님을 사랑하는 표현이라는 뜻입니다. 따라서 누구든지 하나님을 사랑한다고 하면서 형제자매를 미워하면, 그 사람의 하나님 사랑은 거짓입니다.

"누구든지 하나님을 사랑하노라 하고 그 형제를 미워하면 이는 거짓말하는 자니 보는 바 그 형제를 사랑하지 아니하는 자는 보지 못하는 바 하나님을 사랑할 수 없느니라" 요일 4:20

우리는 하나님을 사랑하는 것과 더불어 형제자매, 이웃을 사랑해야 합니다. 사랑은 하나님께서 우리에게 주신 율법의 완성입니다.

"사랑은 이웃에게 악을 행하지 아니하나니 그러므로 사랑은 율법의 완성이니라" 롬 13:10

그런데 갈라디아 교인들의 문제는 율법주의적인 신앙의 모습에만 있는 것이 아니었습니다. 그들은 자아도취, 교만에 빠져 다른 성도들을 무시하며 다투는 모습을 보였습니다. 주님께서 주신 자유를 가지고 사랑으로 섬기는 일을 선택하는 것이 아니라 이기적인 모습을 보임으로써 성도 간에 분열, 다툼, 갈등을 일으켰던 것이었습니다.

바울은 이에 대해 다음과 같이 경고했습니다.

15 만일 서로 물고 먹으면 피차 멸망할까 조심하라 갈 5:15

바울은 갈라디아 교인들이 하나가 되지 못하는 모습을 두고 '서로 물고 먹는다'라고 표현했습니다. 자기는 완벽하다고 생각하면서 다른 사람의 약점을 잡아 비난하고, 정죄하고, 서로 으르렁대면서 헐뜯고, 끌어내리기 위해 애쓰고, 잡아먹지 못해 안달이 난 모습들은 마치 맹수들이 물어뜯고 싸우다가 결국 서로의 목숨을 해치는 모습과 같습니다. 바울은 이와 같이 서로 다투고, 갈등하고, 분열하는 것은 모두가 망하는 지름길이라고 경고했던 것입니다.

2. 육체의 욕심을 이기는 길

바울은 자유를 육체의 욕심을 채우는 데 사용하지 않는 방법,

곧 자유를 선용할 수 있는 방법을 제시했습니다.

> 16 내가 이르노니 너희는 성령을 따라 행하라 그리하면 육체의 욕심을 이루지 아니하리라 갈 5:16

육체를 정복하는 길은 우리가 가진 자유를 가지고 성령을 따라 행하고, 성령 안에서 살며, 성령충만한 삶을 사는 것입니다. 이는 무슨 일을 하든지 성령의 인도하심을 받아 결정하고 선택하며, 성령의 능력을 힘입어 성령께서 주시는 힘으로 행하는 것을 말합니다.

성령의 길을 따를 때 우리는 육신의 지배를 받지 않게 됩니다. 죄의 유혹을 이기는 것, 옛 사람의 습관을 끊는 것은 인간의 의지로 할 수 없습니다. 오직 성령충만을 받아 성령의 지배를 받으며 성령의 능력을 힘입는 것만이 우리가 죄와 옛 사람으로부터 자유함을 얻는 유일한 길입니다.

비울은 성령의 지배를 받는 것과 육체의 일을 선택하는 것 사이의 관계에 대해 다음과 같이 설명했습니다.

> 17 육체의 소욕은 성령을 거스르고 성령은 육체를 거스르나니 이 둘이 서로 대적함으로 너희가 원하는 것을 하지 못

하게 하려 함이니라 갈 5:17

사람이 육체의 욕심을 채우는 데 자신의 자유를 사용하면 그 사람은 성령에 저항하는 삶을 살게 됩니다. 반면에, 사람이 성령을 따라 사는 데 자신의 자유를 사용하면 그 사람은 육체의 욕심을 극복하는 삶을 살게 됩니다. 이처럼 성령은 죄악을 짓지 못하게 막아서고, 육체는 선을 행하지 못하도록 방해합니다.

그런데 위대한 사도인 바울도 성령의 지배를 받는 것과 육신의 지배를 받는 것 사이에서 갈등을 겪었던 경험을 고백했습니다.

"그러므로 내가 한 법을 깨달았노니 곧 선을 행하기 원하는 나에게 악이 함께 있는 것이로다 내 속사람으로는 하나님의 법을 즐거워하되 내 지체 속에서 한 다른 법이 내 마음의 법과 싸워 내 지체 속에 있는 죄의 법으로 나를 사로잡는 것을 보는도다 오호라 나는 곤고한 사람이로다 이 사망의 몸에서 누가 나를 건져내랴" 롬 7:21-24

이러한 갈등 가운데 바울이 얻은 해답은 다음과 같습니다.

"그러므로 이제 그리스도 예수 안에 있는 자에게는 결코 정죄함이 없나니 이는 그리스도 예수 안에 있는 생명의 성령의 법이 죄와 사망의 법에서 너를 해방하였음이라" 롬 8:1-2

육신의 지배에서 벗어나는 길은 성령충만을 받고 성령의 능력을 힘입는 길밖에 없습니다. 바울은 성령을 따라 행하는 사람, 성령 안에서 사는 사람, 곧 성령의 인도하심을 받는 사람에게 따라오는 축복을 다음과 같이 언급했습니다.

> 18 너희가 만일 성령의 인도하시는 바가 되면 율법 아래에 있지 아니하리라 갈 5:18

성령의 인도하심을 받는 사람은 율법의 지배 아래에 있지 않게 됩니다. 율법의 지배 아래 있는 사람이란, 율법을 지킴으로써 의롭다 함을 받고자 애쓰는 사람을 의미합니다. 그러나 이는 불가능한 일입니다.

반면에, 성령의 인도하심을 받는 사람은 성령의 지배를 받고 성령의 능력을 힘입음으로써 하나님의 뜻에 합당한 삶을 살게 됩니다.

존 번연의『천로역정』에 다음과 같은 이야기가 등장합니다. 해석자라는 사람이 천로역정의 주인공 크리스천을 먼지로 가득 찬 한 응접실로 데려갔습니다. 이때 하녀가 빗자루를 들고 청소를 시작하는데, 먼지가 얼마나 많이 일어나는지 숨을 쉴 수가 없었습니다. 그래서 해석자가 물을 뿌리라고 하자 하녀가 물을 뿌렸는데, 그때서야 먼지가 가라앉고 방이 깨끗해졌습니다.

해석자는 크리스천에게 이 일을 다음과 같이 해석해주었습니다.

> "이 방은 복음을 한 번도 접한 적이 없는 인간의 마음입니다. 먼지는 그 사람의 원죄와 마음의 부패를 의미하지요. 처음에 하녀는 율법으로 청소하려 했지만, 먼지가 날려서 숨을 쉬기 어려웠어요. 이는 율법이 죄를 정복할 수 없다는 것을 뜻합니다. 반면 물을 뿌려 청소한 것은 복음으로 마음을 정화시키는 것을 뜻하지요!"

존 맥아더 목사님 역시 율법과 성령에 대해 다음과 같이 말했습니다.

> "율법이 할 수 있는 일이란, 먼지를 일으키는 것, 즉 죄를 드러내는 것이었다. 반면 먼지를 가라앉히기 위해 뿌려진

물은 죄를 진압하고 영혼을 깨끗하게 만들어주는 복음이었다! 육체(죄를 향한 인간적인 성향)는 강한 세력을 갖고 있다. 그것을 정복할 수 있는 유일한 길은 성령을 좇아 행하는 것이다. 유대주의자들은 율법을 지킴으로써 육체를 정복하려 애를 썼다. 그러나 바울은 그것이 아무 효과가 없음을 깨달았다!"

성령의 인도하심을 받는 사람은 율법의 지배를 받지 않습니다. 도리어 사랑의 섬김을 실천함으로써 율법이 요구하는 바를 다 이룰 수 있게 됩니다.

이어서 바울은 하나님께서 주신 자유를 악용하는 사례에 대해서 말하고자 했습니다. 그것은 바로 육체의 욕심을 채우는 데 자유를 사용함으로써 육체의 일을 행하는 것이었습니다.

바울은 15가지의 육체의 일을 제시했는데, 이것은 육체의 일의 전부가 아니라 대표적인 죄들의 나열이라고 할 수 있습니다. 이 죄들은 다시 네 가지 범주로 나눌 수 있습니다.

(1) 육욕의 죄: 음행, 더러운 것, 호색.

(2) 불신앙의 죄: 우상숭배, 주술.

(3) 불화의 죄: 원수 맺는 것, 분쟁, 시기, 분냄, 당 짓는 것, 분

열함, 이단(파당), 투기.

(4) 술 취함과 그와 동반되는 죄: 술 취함, 방탕함.

이 중에 바울이 가장 많이 언급한 것은 불화와 관련된 죄입니다. 이를 통해 갈라디아 교인들이 범했던 죄들이 인간관계의 연약함과 부족함에서 비롯된 것이 많다는 것을 알 수 있습니다.

> 19 육체의 일은 분명하니 곧 음행과 더러운 것과 호색과
>
> 갈 5:19

육체의 일이 가지는 특징은 그 모습이 삶에서 명백히 드러난다는 것입니다. 이것은 성령이 하시는 일과 분명히 구분되며, 성령의 지배를 받는 사람의 삶에서 나타나는 열매와도 명확히 구분됩니다.

네 가지로 나눈 육체의 일 가운데 첫 번째 범주, 육욕의 죄는 음행과 더러운 것과 호색입니다. 음행은 불법적이고 부도덕한 성관계, 매춘을 말합니다. 당시에는 이러한 음행이 매우 일반적이었습니다. 더러운 것은 성적 타락, 방종을 말합니다. 마지막으로 호색은 극단적인 성적 방탕, 하나님과 타인의 시선을 전혀 의식하지 않고 음란을 좇는 것을 말합니다.

우리의 몸은 우리의 것이 아닙니다. 우리의 몸은 하나님의 성전이며, 하나님께 영광 돌리는 데에 쓰여야 할 도구입니다.

"음행을 피하라 사람이 범하는 죄마다 몸 밖에 있거니와 음행하는 자는 자기 몸에 죄를 범하느니라 너희 몸은 너희가 하나님께로부터 받은 바 너희 가운데 계신 성령의 전인 줄을 알지 못하느냐 너희는 너희 자신의 것이 아니라 값으로 산 것이 되었으니 그런즉 너희 몸으로 하나님께 영광을 돌리라" 고전 6:18-20

이어서 바울은 불신앙의 죄, 불화의 죄, 술 취함과 그와 동반되는 죄에 대해서 말했습니다.

20 우상 숭배와 주술과 원수 맺는 것과 분쟁과 시기와 분냄
과 당 짓는 것과 분열함과 이단과 21 투기와 술 취함과 방탕
함과 또 그와 같은 것들이라 전에 너희에게 경계한 것 같이
경계하노니 이런 일을 하는 자들은 하나님의 나라를 유업
으로 받지 못할 것이요 갈 5:20-21

불신앙의 죄는 우상숭배와 주술입니다. 우상숭배는 우상이나 거짓 신을 숭배하는 것, 우상숭배 의식에 참여하며 식사하는 것을 말합니다. 또한 인간의 탐심 역시 우상숭배의 죄에 속합니다

(골 3:5). 주술은 곧 마술을 행하는 것을 의미합니다.

불화의 죄는 원수 맺는 것, 분쟁, 시기, 분냄, 당 짓는 것, 분열함, 이단, 투기입니다. 원수 맺는 것은 적의와 적개심과 증오심으로 인한 관계의 단절을 말하며, 분쟁은 성도 간에 시비, 논쟁, 언쟁으로 인해 불일치를 이루는 것을 말합니다. 시기는 질투, 즉 남이 잘되는 것에 대한 불편한 감정이며, 분냄은 격렬한 분노의 폭발을 말합니다. 당 짓는 것은 눈앞의 이익을 위해 파당을 만드는 것이며, 분열함은 패가 나뉘어 집단이기주의적인 모습을 보이는 것을 말합니다. 이단은 집단을 이뤄 진리를 거스르는 것이며, 투기는 시기심이 지나쳐 시기하는 대상에게 해를 끼치는 것까지 발전된 질투심을 말합니다.

마지막 범주인 술 취함과 그와 동반되는 죄는 술 취함, 방탕의 죄입니다. 술 취함은 인사불성이 될 정도로 음주하여 고주망태가 되는 것을 말합니다. 방탕의 헬라어 원어는 술의 신들, 디오니소스나 바커스를 숭배하는 축제에서 흥청거리는 모습을 지칭합니다. 이는 늦은 밤까지 술에 취해 방탕한 모습을 표현한 것입니다.

"술 취하지 말라 이는 방탕한 것이니 오직 성령으로 충만함을 받으라" 엡 5:18

바울이 '전에 너희에게 경계한 것같이 경계하노니'라고 말했던 것으로 볼 때, 이전에도 갈라디아 교인들에게 이러한 육체의 일에 대한 경고를 했던 것으로 보입니다. 바울이 성령을 따라 행함으로써 육체의 일을 멀리하라고 거듭 경고했던 것은 육체의 일을 하는 자들은 하나님의 나라를 유업으로 받지 못하기 때문입니다.

여기서 유업은 하나님의 자녀가 되어 하나님 나라의 백성으로서 모든 은혜와 축복을 누리는 것을 말합니다. 하나님께서 주신 자유를 가지고 육체의 욕심을 채우는 데 사용하는 사람, 곧 육신의 일을 행함으로써 죄를 짓는 사람은 하나님의 나라를 유업으로 받지 못합니다.

'이런 일을 하는 자는'이라는 표현은 단순히 한두 번, 한두 가지의 죄를 짓는 것을 말하는 것이 아니라 이런 일을 관행으로 하는 것을 의미합니다. 즉, 육체의 일을 행하는 것을 하나의 삶의 패턴으로 삼고 습관적으로 죄 짓는 것을 말합니다.

예수 믿고 구원의 은혜를 체험하고 새사람이 되었다고 고백하면서도 그의 삶에 아무런 변화가 없고 여전히 세상 죄에 빠져있다면, 그 사람의 구원의 진정성은 의심받아야 마땅합니다.

"그런즉 누구든지 그리스도 안에 있으면 새로운 피조물이라 이전 것은 지나갔으니 보라 새 것이 되었도다" 고후 5:17

"그러므로 형제들아 내가 하나님의 모든 자비하심으로 너희를 권하노니 너희 몸을 하나님이 기뻐하시는 거룩한 산 제물로 드리라 이는 너희가 드릴 영적 예배니라 너희는 이 세대를 본받지 말고 오직 마음을 새롭게 함으로 변화를 받아 하나님의 선하시고 기뻐하시고 온전하신 뜻이 무엇인지 분별하도록 하라" 롬 12:1-2

3. 성령의 열매

자유를 육체의 일을 행하는 데 사용하지 않고, 성령의 지배를 받는 데 사용하여 성령의 인도하심을 받고 성령의 능력을 힘입는 사람에게는 성령의 열매가 나타납니다. 성령의 열매는 특히 인간관계를 향상시키는 태도와 행동으로 이루어져있습니다. 이는 바울이 갈라디아 교인들에게 경고했던 육체의 일이 상당 부분 불화의 죄라는 것과 연관되어있습니다.

또한 바울이 '성령의 열매들'이 아니라 '성령의 열매'라고 말한 것으로 보아, 성령의 열매를 맺는 삶은 성령충만한 삶의 전반적인 특징과 연관된다고 할 수 있습니다. 곧, 성령의 열매는 첫째, 성령의 인도함을 받는 삶의 특징이고, 둘째 성숙한 그리스도인의 특징이며, 셋째, 하나님의 은사라는 것입니다.

성령의 열매는 사랑에서 시작해서 절제로 끝납니다. 이는 바울이 자유를 선용하는 첫 번째 길로 사랑으로 섬길 것을 명했던 것(갈 5:13), 그리고 갈라디아 교인들에게 경고한 육체의 일은 그들이 불신자로 살 때 가졌던 무절제한 모습에서 비롯되었다는 것과 연관 지을 수 있습니다.

앞서 육체의 일을 네 가지 범주로 분류했던 것처럼 아홉 가지 성령의 열매는 다음과 같이 분류할 수 있습니다.

(1) 하나님과의 관계: 사랑, 희락, 화평.

(2) 인간과의 관계: 오래 참음, 자비, 양선.

(3) 자신과의 관계: 충성, 온유, 절제.

22 오직 성령의 열매는 사랑과 희락과 화평과 오래 참음과 자비와 양선과 충성과 갈 5:22

첫 번째 성령의 열매는 사랑입니다. 사랑은 기독교 신앙의 근본으로서 하나님께서 우리에게 베풀어주신 사랑을 우리는 이웃에게 실천해야 합니다. '사랑으로써 역사하는 믿음(갈 5:6), 사랑으로 서로 종노릇(갈 5:13), 네 이웃 사랑하기를 네 자신과 같이(갈 5:14)'에서 볼 수 있듯이 바울은 계속해서 사랑을 강조했습니다.

"그런즉 믿음, 소망, 사랑, 이 세 가지는 항상 있을 것인데 그 중의 제일은 사랑이라" 고전 13:13

두 번째 성령의 열매는 희락입니다. 희락은 기쁨을 의미하며, 그리스도인이 하나님의 뜻 안에서 바르게 살아가고 있다는 것을 보여주는 주된 특징입니다.

"내가 아버지의 계명을 지켜 그의 사랑 안에 거하는 것 같이 너희도 내 계명을 지키면 내 사랑 안에 거하리라 내가 이것을 너희에게 이름은 내 기쁨이 너희 안에 있어 너희 기쁨을 충만하게 하려 함이라" 요 15:10-11

세 번째 성령의 열매는 화평입니다. 화평은 하나님께서 죄인인 우리를 용서해주심으로써 우리에게 주어진 결과물입니다. 우리가 경험한 화평을 삶에 실천하는 것이 우리의 사명입니다.

"모든 것이 하나님께로서 났으며 그가 그리스도로 말미암아 우리를 자기와 화목하게 하시고 또 우리에게 화목하게 하는 직분을 주셨으니" 고후 5:18

네 번째 성령의 열매는 오래 참음입니다. 오래 참음을 지칭하는 헬라어는 '길다'라는 단어와 '마음, 감정'이라는 단어의 합성어입니다. 다시 말해, 오래 참음은 타인의 연약함과 부족함에 대해 성급하게 판단하거나 고치려 들지 않고 관용할 줄 아는 마음을 의미합니다.

"또 형제들아 너희를 권면하노니 게으른 자들을 권계하며 마음이 약한 자들을 격려하고 힘이 없는 자들을 붙들어 주며 모든 사람에게 오래 참으라" 살전 5:14

또한 오래 참음은 자신의 계획과 시간표가 아니라 하나님의 계획과 시간표를 따라 살아가기 위해 반드시 필요한 것입니다.

"만일 우리가 보지 못하는 것을 바라면 참음으로 기다릴지니라" 롬 8:25

다섯 번째 성령의 열매는 자비입니다. 자비는 다른 사람을 위해 기꺼이 봉사하려는 마음, 친절한 성품을 말합니다. 자비는 죄인을 구원하시고자 하는 하나님의 무한한 사랑에 근거합니다.

"너희 아버지의 자비로우심 같이 너희도 자비로운 자가 되라" 눅 6:36

여섯 번째 성령의 열매는 양선입니다. 양선은 선한 성품과 행동으로 자기 자신이 아닌 타인의 유익을 위해 노력하는 것을 말합니다.

일곱 번째 성령의 열매는 충성입니다. 충성은 신실함을 말합니다. 자신에 대해 성실하고 자신이 말한 바를 일관되게 지킴으로써 다른 사람들로 하여금 신뢰할 수 있는 사람이 되는 것을 말합니다.

23 온유와 절제니 이같은 것을 금지할 법이 없느니라 갈 5:23

여덟 번째 성령의 열매는 온유입니다. 온유는 이웃을 향한 부드러운 자세를 말하며, 더 나아가 자신에게 해를 가하는 사람에게 위협적인 보복을 다짐하거나 분노하지 않는 것입니다. 우리는 예수님에게서 온전한 온유를 배울 수 있습니다.

"나는 마음이 온유하고 겸손하니 나의 멍에를 메고 내게 배우라 그리하면 너희 마음이 쉼을 얻으리니" 마 11:29

아홉 번째 성령의 열매는 절제입니다. 절제는 자기 조절을 말하며, 자기 자신을 향한 덕목이기도 합니다. 우리는 절제를 통해 육신의 정욕에 굴복하지 않고 신앙생활에서 승리할 수 있습니다.

"이기기를 다투는 자마다 모든 일에 절제하나니 그들은 썩을 승리자의 관을 얻고자 하되 우리는 썩지 아니할 것을 얻고자 하노라" 고전 9:25

이러한 아홉 가지 성령의 열매를 금지할 법은 없습니다. 여기서 법은 율법을 말하는 것으로, 우리로 하여금 성령의 열매를 맺지 못하게 할 수 있는 율법은 없다는 것입니다. 왜냐하면 성령의 인도하심을 받는 자는 더 이상 율법 아래 있지 않으며, 성령의 능력을 힘입어 사는 자는 성령의 열매를 맺음으로써 율법이 요구하는 바를 이루기 때문입니다.

존 스토트 목사님은 성령의 열매에 대해 다음과 같이 말했습니다.

"사람들 안에서 하나님의 영이 깊이 역사하시는 진정한 증거는 감정적인 경험이나 굉장한 표적이 아니라, 그리스도를 닮은 인격적 특질들이다. 굉장한 경험을 자랑하지만 사랑, 희락, 화평, 자비, 절제 등이 결여된 그리스도인이 있다고 하자. 나는 우리 모두가 그의 주장에 무엇인가 잘못된 것이 있음을 볼 것이라고 생각한다. 그러나 자신의 경험이나 은사가 무엇이든지 간에 그 품성을 통해 주 예수의 향기를 느끼게 해주는 다른 그리스도인이 있다고 하자. 우리 모두는 분명히 그 사람과 함께 있기를 더 원할 것이다. 왜냐하면 우리는 그 사람에게서 하나님의 은혜의 증거와 성령이 거하시는 전을 보기 때문이다!"

또한 바울은 그리스도인이 하나님께서 주신 자유를 가지고 방종하며 살 수 없는 이유에 대해 다음과 같이 설명했습니다.

24 그리스도 예수의 사람들은 육체와 함께 그 정욕과 탐심을 십자가에 못 박았느니라 갈 5:24

그리스도인은 육체를 십자가에 못 박았습니다. 이와 함께 죄의 노예로 살던 옛 사람이 그리스도와 함께 십자가에 못 박혀 죽었습니다. 즉, 죄에 대해 죽은 것입니다.

"우리가 알거니와 우리의 옛 사람이 예수와 함께 십자가에 못 박힌 것은 죄의 몸이 죽어 다시는 우리가 죄에게 종 노릇 하지 아니하려 함이니" 롬 6:6

그런데 우리의 옛 사람만 십자가에 못 박은 것이 아니라 옛 사람이 죄에 굴복하게 만들었던 원인, 곧 정욕과 탐심을 십자가에 함께 못 박았습니다. 그리고 하나님의 영광을 위해 살고자 하는 소원이 정욕과 탐심의 자리를 차지하게 되었습니다.

이처럼 예수님과 함께 십자가에 못 박혔다는 사실은 우리의 신앙에 너무나도 큰 의미가 있습니다. 우리가 예수를 믿고 하나님께 의롭다 함을 받은 새사람이 되면 율법주의적이거나 방종주의적인 삶을 살 수가 없습니다. 오직 성령 안에서 주님과 동행하며 살아가는 것입니다.

> **25** 만일 우리가 성령으로 살면 또한 성령으로 행할지니
> 갈 5:25

'성령으로 산다는 것'은 바울이 앞서 언급한 '성령을 따라 행하는 것'(갈 5:16), '성령의 인도하심을 받는 것'(갈 5:18)과 같은 맥락입니다. 또한 '성령으로 행한다는 것'은 성령의 지도와 가르침을 받

는다는 것을 의미합니다. 결국 성령으로 산다는 것은 성령님께 절대 복종하는 삶을 말합니다.

바울은 앞서 성령의 열매를 말하면서 중점을 두었던 불화의 문제, 육신의 일에 대해 다시 한번 경고했습니다.

> 26 헛된 영광을 구하여 서로 노엽게 하거나 서로 투기하지 말지니라 갈 5:26

헛된 영광을 구하는 것은 영적인 교만에 빠져 잘난체하는 것을 말합니다. 영적인 교만에 빠진 사람일수록 시기와 질투가 심하게 나타나며, 영적인 교만에 빠져 다른 성도를 무시하고 함부로 대하면 교회 안에 갈등이 일어납니다.

존 오트버그 목사님은 성령에 순종하는 삶과 성령을 소멸하는 삶에 대해 다음과 같이 말했습니다.

> "인생을 살다 보면 성령의 영향력에 우리 자신을 개방하는 행동을 하든지 아니면 우리 자신을 성령에게서 차단하는 행동을 하든지 둘 중 하나다. 성령은 언제라도 하나님이 생각하시는 최고 버전의 나를 향해 인도하실 준비가 되어

있으신데, 내가 인도받기를 싫어할 때가 많다! 화내고, 욕심부리고, 거짓말하고 싶을 때가 있다. 분노하고, 불안해하고, 남보다 우월해 보이려고도 한다. 그런데 이런 습관이 형성될수록 더 자주 성령을 소멸시키게 될 것이다! 습관을 다시 들이려면 시간도 걸리고 지혜도 필요하다. 따라서 어떤 순간에든 나에게 필요한 건 성령의 인도에 순종하고자 하는 마음이다!"

사랑하는 성도 여러분, 우리의 인생은 단 한 번뿐인 인생입니다. 한 번뿐인 인생을 육체의 헛된 일을 도모하는 데 낭비하지 마십시오. 육체의 정욕이 일어날 때마다 예수님께서 우리를 자유하게 하시려고 흘리신 보혈과 예수님께서 당하신 십자가 고난을 기억하시기를 바랍니다. 예수님은 우리를 죽기까지 사랑하셔서 우리에게 값비싼 자유를 주셨습니다. 이러한 자유를 통해 하나님을 사랑하고 이웃을 사랑하며, 오직 성령의 인도하심을 따라가는 인생을 살아야 합니다. 성령충만을 받아 내적으로는 성령의 열매를 맺고, 외적으로는 복음의 담대한 증인이 되어 하나님의 영광을 위해 살기로 결단하는 여러분이 되시기를 바랍니다.

갈라디아서 6장 1-10절

1 형제들아 사람이 만일 무슨 범죄한 일이 드러나거든 신령한 너희는 온유한 심령으
로 그러한 자를 바로잡고 너 자신을 살펴보아 너도 시험을 받을까 두려워하라
2 너희가 짐을 서로 지라 그리하여 그리스도의 법을 성취하라
3 만일 누가 아무 것도 되지 못하고 된 줄로 생각하면 스스로 속임이라
4 각각 자기의 일을 살피라 그리하면 자랑할 것이 자기에게는 있어도 남에게는 있지
아니하리니
5 각각 자기 의 짐을 질 것이라
6 가르침을 받는 자는 말씀을 가르치는 자와 모든 좋은 것을 함께 하라
7 스스로 속이지 말라 하나님은 업신여김을 받지 아니하시나니 사람이 무엇으로 심
든지 그대로 거두리라
8 자기의 육체를 위하여 심는 자는 육체로부터 썩어질 것을 거두고 성령을 위하여 심
는 자는 성령으로부터 영생을 거두리라
9 우리가 선을 행하되 낙심하지 말지니 포기하지 아니하면 때가 이르매 거두리라
10 그러므로 우리는 기회 있는 대로 모든 이에게 착한 일을 하되 더욱 믿음의 가정들
에게 할지니라

14 그리스도의 법

본문 말씀 : 갈라디아서 6장 1-10절

성령충만한 삶은 믿음 안에서 사랑을 실천하는 삶입니다. 또한 성령충만함으로 육체의 일, 곧 죄악을 멀리하고 사랑으로 서로 종노릇하며 사는 삶입니다. 그런데 문제는 우리가 성령충만하지 못할 때가 있다는 것입니다. 우리는 때때로 유혹에 넘어지고 죄를 지을 때가 있습니다.

그래서 바울은 그리스도인들이 범죄했을 때 어떻게 해야 하는지, 형제자매의 연약함을 발견하게 되었을 때에는 어떻게 해야 하는지 갈라디아서에 기록했습니다. 그리고 결론적으로 주님의 몸 된 교회를 이룬 믿음의 형제자매들이 믿음과 사랑 안에서 서로를 어떻게 섬겨야 하는지 권면했습니다.

1. 그리스도의 법의 성취

성령충만한 사람은 형제자매가 범죄한 것을 알게 되었을 때 어떻게 해야 할까요?

> 1 형제들아 사람이 만일 무슨 범죄한 일이 드러나거든 신령한 너희는 온유한 심령으로 그러한 자를 바로잡고 너 자신을 살펴보아 너도 시험을 받을까 두려워하라 갈 6:1

성령충만한 사람은 형제자매 중에 죄를 지은 사람이 있을 때, 그들을 바로잡아줄 수 있는 사람입니다. 성령충만한 사람은 성령 안에서, 성령의 인도하심을 따라, 성령님께 복종하며 사는 사람이기 때문입니다.

범죄한 형제자매를 바로잡아줄 때 중요한 것은 온유한 심령을 가져야 한다는 것입니다. 독선에 빠져 분노의 마음을 갖고 비판과 정죄의 태도를 보여서는 안 됩니다.

'바로잡다'의 헬라어 원어(카타르티조)는 '그물을 수선하다'라는 의미가 있습니다. 따라서 형제자매를 바로잡아주고자 할 때는 비판과 정죄, 책망과 심판의 관점이 아니라 온전한 믿음과 신앙 윤리의 회복이라는 관점으로 접근해야 합니다.

그런데 죄를 범한 형제자매를 회복시키고자 할 때 우리는 자기 자신도 동일한 죄를 범할 수 있다는 것을 반드시 기억해야 합니다. 우리는 동일한 죄를 범하지 않도록 경각심과 경계심을 갖고, 타산지석으로 삼아야 합니다.

물론 범죄한 형제자매를 온유한 심령으로 대하고, 그의 믿음과 삶의 모습을 온전하게 회복시켜주는 것은 쉬운 일이 아닙니다. 그러나 주님께서 말씀하신 그리스도인의 삶은 자기 자신의 안위만을 생각하는 이기적인 삶이 아니라 다른 사람을 이롭게 하고 유익하게 하는 이타적인 삶입니다.

2 너희가 짐을 서로 지라 그리하여 그리스도의 법을 성취하라 갈 6:2

우리가 죄에 빠지지 않고 온전한 믿음과 바른 삶의 모습으로 살아가기 위해서는 서로의 도움이 필요합니다. 서로의 연약함을 담당하고 죄에 넘어지지 않도록 붙들어주는 것이 바로 그리스도의 법을 성취하는 것입니다.

그리스도의 법을 성취하는 것은 예수님께서 십자가에서 보여주신 사랑과 희생을 실천하는 것이며, 앞서 바울이 말한 '오직 사랑으로 서로 종노릇하는 것'(갈 5:13)을 말합니다. 예수님께서 우리에게 주신 새 계명은 '서로 사랑'입니다.

"새 계명을 너희에게 주노니 서로 사랑하라 내가 너희를 사랑한 것 같이 너희도 서로 사랑하라" 요 13:34

팀 켈러 목사님은 갈라디아서 6장 2절에 대해 다음과 같이 말했습니다.

> "그리스도의 법은 감사하여 넘치는 기쁨으로 그리스도가 보이신 모범을 삶 전체로 따르는 것이다. 이것은 어떤 규정이 아니라, 한 사람에게 집중하는 삶이다. 우리는 전과 다른 종류의 의무를 진다. 그리스도께서 우리의 짐을 지셨으므로, 이제 우리는 서로의 짐을 진다. 2절은 이렇게 요약할 수 있다. '다른 사람의 짐을 져라. 이로써 너희의 짐을 지신 그리스도의 발자취를 따르라!'"

죄를 범한 형제자매를 대하거나 다른 지체의 연약함을 볼 때 '서로 사랑'으로 짐을 지지 못하도록 방해하는 것이 있습니다. 그것은 바로 우리 안에 내재하는 교만입니다.

3 만일 누가 아무 것도 되지 못하고 된 줄로 생각하면 스스로 속임이라 갈 6:3

우리가 교만에 빠져있으면 형제자매를 쉽게 판단하고 정죄하며, 독선에 사로잡히게 됩니다. 이러한 교만은 자기 자신을 과대평가하기 때문에 생겨납니다. 실제로는 전혀 그렇지 않으면서, 남들보다 더 훌륭하고 올바른 삶을 살고 있다고 자신을 과대평가하기 때문에 교만해지는 것입니다.

그런데 바울은 교만한 사람을 '스스로 속이는 자'라고 말했습니다. 즉, 교만한 사람은 철저한 착각 속에 빠져 사는 사람이라는 것입니다. 교만에 빠진 사람은 자기는 옳지만 다른 사람은 틀리고, 자기는 잘하고 있는데 다른 사람은 제대로 못하고 있다는 생각에 빠져있기 때문에 교회 안에서 문제를 일으키며, 어디를 가든지 분쟁을 일으킵니다.

에드거 앤드류스 목사님은 다음과 같이 말했습니다.

"우리는 균형을 유지해야 한다. 하나님의 자녀는 하나님이 보시기에 중요하고 특별한 존재이지만, 그 자체로서 특별한 것이 아니라 은혜의 대상으로서만 특별하다. 우리는 우리 자신을 대단한 존재로 생각해서는 안 된다. 우리는 그리스도 안에서만 이 모든 것을 지닌다. 왜냐하면 우리 자신만으로 우리는 아무것도 아니기 때문이다. 다르게 생각하는 것은 우리 자신을 속이는 것이며, 그런 자기기만은 구원의 참된 본질을 가리워버리는 위험한 것이다!"

바울은 갈라디아 교인들이 자기 자신에 대해 과대평가해서 교만과 지나친 정죄의식에 빠지지 않도록 권면했습니다.

> 4 각각 자기의 일을 살피라 그리하면 자랑할 것이 자기에게는 있어도 남에게는 있지 아니하리니 갈 6:4

사람이 자기를 과대평가해 착각에 빠지지 않으려면 형제자매를 비판하기 전에 자기 자신을 먼저 살펴봐야 합니다.

새번역 성경은 4절을 다음과 같이 번역했습니다.

"각 사람은 자기 일을 살펴보십시오. 그러면 자기에게는 자랑거리가 있더라도, 남에게까지 자랑할 것은 없을 것입니다." 갈 6:4

자기를 살펴봤을 때 잘한 것이 있다고 생각된다면 그것은 어디까지나 하나님의 은혜로 된 것이기 때문에 다른 사람한테까지 자랑할 일은 못 된다는 것입니다. 따라서 자기 자신을 다른 형제자매와 비교해서 자기가 더 낫다고 생각하는 점을 자랑해서는 안 됩니다. 특히 범죄한 형제자매와 자신을 비교하는 것은 자신은 옳고, 바르고, 잘한 것만 있는 것처럼 착각할 수 있기 때문에 각별히 주의해야 합니다.

우리는 하나님과 같은 재판관이 되어서는 안 됩니다. 다만 우리가 할 일은 주님께서 각자에게 요구하시는 대로 제자로서의 삶을 신실하게 살아가는 것입니다.

5 각각 자기의 짐을 질 것이라 갈 6:5

바울은 2절에서 '서로의 짐을 지라'고 말했으나, 5절에서는 '각자의 짐을 지라'고 말했습니다. '서로의 짐'은 교회 공동체 안에서 형제자매가 온전한 신앙생활을 해나갈 수 있도록 서로를 붙들어주는 노력과 헌신을 말합니다. 그리고 '각자의 짐'은 교회 공동체 안에서 형제자매가 각자 마땅히 감당해야 할 사명과 직무를 말합니다.

다시 말해, 그리스도의 제자는 그리스도를 따르기 위해 각자가 져야 할 십자가가 있다는 것입니다. 우리를 제자로 부르신 분은 같지만 우리가 감당해야 할 사명은 각기 다릅니다.

우리는 각자가 받은 사명을 완수하기 위해 다른 사람과 비교하지 말고 묵묵히 헌신의 길을 가야 합니다. 자기가 마땅히 감당해야 할 일은 감당하지 않으면서 비판과 정죄만 일삼고 있다면 다음과 같은 권면의 말씀을 기억하시기 바랍니다.

"네가 어찌하여 네 형제를 비판하느냐 어찌하여 네 형제를 업신여기느냐 우리가 다 하나님의 심판대 앞에 서리라" 롬 14:10

2. 심은 대로 거두는 법칙

이어서, 바울은 하나님의 일을 위해 헌신하는 영적 지도자를 섬기는 것과 또한 하나님의 일을 위해 성도가 감당해야 할 바를 가르쳤습니다.

> 6 가르침을 받는 자는 말씀을 가르치는 자와 모든 좋은 것을 함께 하라 갈 6:6

교회 안에는 성도들에게 하나님의 말씀을 가르치는 직분을 감당하는 이들이 있습니다. 이들은 복음을 전하기 위해 자기 삶을 드린 사람들입니다. 따라서 말씀의 가르침을 받는 성도들은 말씀을 가르치는 이들과 모든 좋은 것을 함께해야 합니다. 즉, 말씀을 위해 헌신한 자들을 물심양면으로 섬겨야 하는 것입니다.

그런데 '모든 좋은 것을 함께 하라'는 권면은 단순히 물질적인 것에 국한된 것이 아닙니다. 하나님의 역사와 영적인 일을 위해 헌신하는 사람들과 아름다운 동역을 이루라는 것입니다.

"너희 보물 있는 곳에는 너희 마음도 있으리라" 눅 12:34

한 번뿐인 인생, 안개처럼 쉽게 사라져버리는 인생을 살면서, 헛된 세상일과 잠시뿐인 육신의 즐거움을 위해 우리가 가진 것을 사용하지 말아야 합니다. 오직 하나님 나라의 확장을 위해, 주님의 몸 된 교회를 위해, 주의 종들을 위해, 가난하고 소외되고 병든 이웃을 위해 우리가 가진 것을 사용해야 합니다.

영적인 일을 위해 우리가 가진 것을 사용하는 것은 하늘에 보물을 쌓는 것입니다. 하나님은 반드시 우리가 심은 대로 거두게 해주십니다.

7 스스로 속이지 말라 하나님은 업신여김을 받지 아니하시나니 사람이 무엇으로 심든지 그대로 거두리라 갈 6:7

바울은 앞서 경고한 것에서 그치지 않고 다시 한번 '스스로 속이지 말라'고 경고했습니다. 하나님은 육신의 일, 곧 죄악을 심는 사람에게 영생이라는 선물을 주시지 않습니다.

8 자기의 육체를 위하여 심는 자는 육체로부터 썩어질 것을 거두고 성령을 위하여 심는 자는 성령으로부터 영생을 거두리라 갈 6:8

심은 대로 거두게 하시는 것은 하나님께서 하나님의 창조세계에 보편적으로 주신 법칙입니다. 이는 영적인 세계에도 동일하게 적용되는 믿음의 법칙이기도 합니다.

육신의 즐거움을 위해 육신의 일을 행하는 사람에게 하나님께서 추수 날에 거두게 하시는 것은 '썩어질 것', 곧 멸망과 영원한 죽음입니다. 그러나 성령님의 인도하심을 받고 성령님의 지배를 받고자 하는 사람에게 하나님께서 추수 날에 거두게 하시는 것은 '영생'입니다.

육신의 일을 생각하고 육신의 일을 추구하는 사람에게 다가오는 결말과 영의 일을 생각하고 영의 일을 추구하는 사람에게 다가오는 결말은 분명한 차이가 있습니다.

"육신을 따르는 자는 육신의 일을, 영을 따르는 자는 영의 일을 생각하나니 육신의 생각은 사망이요 영의 생각은 생명과 평안이니라" 롬 8:5-6

영국의 청교도 신학자이자 목회자인 매튜 풀 목사님은 다음과 같이 말했습니다.

> "자기의 육체를 위하여 심는 자는 육체의 소욕을 만족시키는 일에 자신의 재산이나 시간, 재능들을 사용하는 자를 의미하고, 성령을 위하여 심는 자는 하나님의 영광을 위해 하나님이 주신 모든 것을 사용하는 자를 의미한다. 복음과 그 사역을 지지하는 일에 자신의 재산을 사용하는 자는 결코 손해를 보지 않는다. 왜냐하면 그런 자는 성령을 위하여 심는 자로서, 결국 영원한 생명과 구원을 수확하게 될 것이기 때문이다. 반면 육체의 욕심들을 만족시키는 데 자신의 재산을 사용하는 자는 손해를 볼 수밖에 없다. 그런 자는 현세에서는 좋아 보이지만, 쓸수록 없어지고, 내세에서는 아무

런 쓸모도 없는, 감각적이고 썩어질 비루한 것들만을 거두게 되기 때문이다!"

3. 착한 일 하기

> 9 우리가 선을 행하되 낙심하지 말지니 포기하지 아니하면 때가 이르매 거두리라 갈 6:9

앞서 바울은 크게 두 가지 일, 범죄한 형제자매를 온유와 겸손한 마음으로 바로잡아주는 일과 복음을 위해 헌신한 자와 동역하며 섬기는 일에 대해 권면했습니다. 이는 그리스도의 법인 사랑의 법을 성취하는 것이며, 하나님의 역사, 곧 영적인 일에 헌신하는 것입니다. 이처럼 선한 일에 힘쓰는 사람에게는 심은 대로 거두게 하시는 하나님께서 반드시 좋은 것으로 갚아주십니다.

선한 일에 힘쓰는 것은 자기희생이 따릅니다. 그런데 우리가 노력하고 헌신한 만큼 선한 일의 열매가 맺히지 않을 수도 있습니다. 열매가 즉시 맺히지 않을 때 우리는 지칠 수도 있고, 낙심하게 될 수도 있습니다.

그러나 열매를 맺게 하시는 것은 전적으로 하나님의 권한입니다. 모든 것은 하나님의 때에 이뤄집니다. 그러므로 우리는 인내하면서 선한 일을 행하는 것을 포기하지 말아야 합니다. 하나님의 때가 이르면 하나님께서 거두게 하실 것입니다. 하나님의 때란, 궁극적으로 하나님의 심판의 때를 말합니다.

"보라 내가 속히 오리니 내가 줄 상이 내게 있어 각 사람에게 그가 행한 대로 갚아 주리라" 계 22:12

바울이 9절에서 강조한 것은 선행의 지속성입니다. 이어서 10절에서는 선행의 적극성에 대해 강조했습니다.

10 그러므로 우리는 기회 있는 대로 모든 이에게 착한 일을 하되 더욱 믿음의 가정들에게 할지니라 갈 6:10

'기회 있는 대로'라는 표현에서 알 수 있듯 우리는 선을 행할 기회가 있으면 언제든지 적극적으로 그 기회를 잡아야 합니다. 또한 우리는 '모든 이에게' 착한 일을 해야 합니다. 예수님께서 선한 사마리아인의 비유를 통해 가르쳐주신 것처럼 사람을 가리지 말고 차별 없이 선을 행해야 합니다.

이처럼 그리스도인에게는 사회적으로 선행을 베풀어야 할 책임이 있습니다. 우리는 국가, 인종, 문화, 성별, 나이에 관계없이 차별하지 말고 선을 행해야 합니다. 그리고 한 걸음 더 나아가, 타 종교인들에게까지도 하나님의 은혜와 긍휼로 다가가서 선을 행할 수 있어야 합니다.

다음은 경남 합천에서 출소자, 지적장애인, 알코올중독자 등의 사회부적응자들을 섬기는 '오두막공동체' 대표 이재영 장로님의 이야기입니다.

장로님은 본래 출판사를 경영하던 사장이었습니다. 그런데 어느 날, 하나님께서 다음과 같은 말씀을 주셨습니다.

"또 너희가 너희 형제에게만 문안하면 남보다 더하는 것이 무엇이냐" 마 5:47a

그래서 장로님은 출소자들의 사회 복귀를 돕는 정부기관인 갱생보호공단에서 봉사 활동을 하고, 재소자들을 위한 신앙 월간지 『에바다』 창간을 통해 문서 선교를 시작했습니다.

그러던 중에 잡지를 보고 예수를 믿게 되었다는 출소자들과 갱생보호공단에서 인연을 맺은 출소자들이 장로님을 찾아와 도움을 요청했습니다. 장로님이 이 문제로 고민했을 때, 하나님께서 다시 한번 말씀을 주셨습니다.

"누구든지 너희가 그리스도에게 속한 자라 하여 물 한 그릇이라도 주면 내가 진실로 너희에게 이르노니 그가 결코 상을 잃지 않으리라" 막 9:41

이후 장로님은 그들에게 취업을 알선하고 학비도 지원했습니다. 하지만 그들 중 대부분은 돈만 챙겨서 사라졌고, 며칠 후엔 또 사고를 쳐서 경찰서에 붙잡혔습니다. 이 일로 낙담하던 장로님을 하나님은 다시금 말씀으로 일으켜 세우셨습니다.

"너희는 그리스도의 몸이요 지체의 각 부분이라" 고전 12:27

말씀을 받은 후에 장로님은 그들과 공동체생활을 하기로 결심했습니다. 1983년 11월, 장로님은 출판사 근처 달동네에 다섯 칸의 쪽방을 빌려 출소자 그룹홈을 열었습니다. 그러나 이들을 반기는 사람은 아무도 없었습니다. 주민들의 반대로 24년 동안 쫓겨 다니다가, 2006년 그 당시 전국에서 땅값이 제일 저렴했던 지금의 합천으로 이사했습니다.

이사 후에도 여전히 낙심되는 일이 많았습니다. 출소자들만 모아놓으니 시도 때도 없이 서로 싸우고 문제를 일으켰습니다. 그들에게 아무리 잘해줘도 그들은 변하지 않았고, 도리어 장로님의 선한 의도를 이용하고 협박해 상처 주고 떠나는 사람도 많았습니다. 장로님은 당시 상황에 대해 다음과 같이 고백했습니다.

> "제 속이 다 썩은 것 같아요. 그런데 우리가 썩어야 열매가 맺히거든요. 기도 중에 성령께서 나를 변화시키셨어요. 문제를 일으키는 형제들이 밉지 않고 유치해 보이기 시작하더니, 나중에는 재롱처럼 보이는 겁니다. 그렇게 그들을 진심으로 사랑하게 되었고, 비로소 그 사람을 통해서 내 자신이 변화되었습니다. 그때서야 그들도 함께 변하기 시작했죠!"

장로님이 이렇게 인내한 결과 그들이 변하기 시작했습니다. 또한 다음과 같은 놀라운 일들이 일어나기 시작했습니다.

첫째, 그들은 직접 예배당을 짓고, '죄만 짓던 손으로 예배당을 지었다'며 감격의 눈물을 흘렸습니다.

둘째, 그들은 장애인공동체에 가서 정기적으로 목욕봉사를 하며 '죄지은 손으로 누군가를 도울 수 있다'는 것에 기뻐했습니다.

셋째, 그들은 농번기에 이웃들의 농사를 도왔습니다. 그러다 보니 마을 주민들에게 인심을 얻고 자연스럽게 전도가 돼, 주민들이 공동체교회에 와서 세례를 받고 신앙생활을 하게 되었습니다. 독실한 불교신자였던 장로님의 아내 역시 이곳에 봉사하러 왔다가 '그가 믿는 예수님이라면 자기도 믿겠다'며 예수님을 영접하고 장로님과 결혼하여 동역했습니다.

넷째, 출소자들로 시작한 공동체는 장애인, 중독자 등 사회에 적응하기 힘든 사람들을 위한 공동체로 확대되었습니다.

다섯째, 공동체 가족 중에서 목회자를 네 명이나 배출했고, 공동체에서 네 쌍의 부부가 탄생했습니다.

사람들이 장로님에게 '왜 이런 일을 하세요?'라고 물을 때마다 장로님은 다음과 같이 대답했습니다.

> "이유가 없어요. 우리는 이런 일을 하는 것이 아니고 이런 삶을 살고 있을 뿐입니다. 우리는 그리스도 안에서 한 몸이니까 함께 사는 것뿐이에요. 그리스도인은 예수님의 길을 따릅니다. 그 길은 세상의 더러움을 사랑으로 끌어안고 씻기는 사랑의 길입니다. 이 길은 가야만 하는 길입니다. 오직 그 길을 한 걸음씩 내디딜 때에만 길 되신 주님을 만날

수 있으니까요!"

끝으로, 바울은 '더욱 믿음의 가정들'에게 선을 행하기를 권면했습니다. 믿음의 가정들이란, 개별적인 기독교 가정을 말하는 것이 아니라 신앙 공동체를 이룬 형제자매들을 말합니다. 믿음 안에서 하나 된 형제자매들에게 더욱 선을 행해야 하는 이유는 우리가 같은 믿음의 길, 헌신의 길, 사명의 길을 가고 있기 때문입니다. 또한 서로 사랑하며 섬기는 것은 우리가 예수 그리스도의 제자가 된 것을 드러내주는 증거입니다.

"너희가 서로 사랑하면 이로써 모든 사람이 너희가 내 제자인 줄 알리라" 요 13:35

사랑하는 성도 여러분, 사람은 연약하기에 끊임없이 넘어집니다. 하지만 우리가 넘어져도 다시 일어설 수 있는 것은 서로를 사랑으로 섬기며 하나님 나라를 위해 동역하는 형제자매가 있기 때문입니다. 세상에 예수 그리스도의 사랑을 전하기 위해서는 우리가 먼저 사랑으로 하나 되어야 합니다. 그리고 사랑의 씨앗을 세상에 심어야 합니다. 성경은 "믿음, 소망, 사랑, 이 세 가지는 항상 있을 것인데 그 중의 제일은 사랑이라"(고전 13:13)라고 말씀합니다. 일상에서 사랑을 행함으로써 예수 그리스도의 법을 성취하고 하늘의 보화를 상급으로 받는 여러분이 되시기를 바랍니다.

갈라디아서 6장 11-18절

11 내 손으로 너희에게 이렇게 큰 글자로 쓴 것을 보라
12 무릇 육체의 모양을 내려 하는 자들이 억지로 너희에게 할례를 받게 함은 그들이 그
리스도의 십자가로 말미암아 박해를 면하려 함뿐이라
13 할례를 받은 그들이라도 스스로 율법은 지키지 아니하고 너희에게 할례를 받게 하
려 하는 것은 그들이 너희의 육체로 자랑하려 함이라
14 그러나 내게는 우리 주 예수 그리스도의 십자가 외에 결코 자랑할 것이 없으니 그
리스도로 말미암아 세상이 나를 대하여 십자가에 못 박히고 내가 또한 세상을 대
하여 그러하니라
15 할례나 무할례가 아무 것도 아니로되 오직 새로 지으심을 받는 것만이 중요하니라
16 무릇 이 규례를 행하는 자에게와 하나님의 이스라엘에게 평강과 긍휼이 있을지어다
17 이 후로는 누구든지 나를 괴롭게 하지 말라 내가 내 몸에 예수의 흔적을 지니고 있
노라
18 형제들아 우리 주 예수 그리스도의 은혜가 너희 심령에 있을지어다 아멘

15

그리스도인들의 자랑거리

본문 말씀 : 갈라디아서 6장 11-18절

바울이 갈라디아서를 쓴 목적은 다음과 같습니다.

첫째, 구원과 칭의는 오직 예수 그리스도를 믿음으로써 유대인과 이방인 모두에게 임한다는 복음의 진리를 갈라디아 교인들에게 재확인시켜주기 위해서입니다.

둘째, 율법 준수와 할례 받는 것을 통해 구원받으려고 하는 그들의 잘못된 신앙의 모습을 버리게 하기 위해서입니다.

셋째, 새 언약의 백성들은 성령의 인도를 받고, 성령을 통해 능력을 받으며, 성령의 열매를 맺으며 살아가야 한다는 것을 깨우쳐주기 위해서입니다.

이 모든 것을 정리하면, 갈라디아서의 주제는 '오직 믿음으로 말미암는 칭의'와 '성령의 인도와 능력 속에서 사는 그리스도인의 삶'입니다. 갈라디아서의 마지막 본문은 이러한 주제에 대한 바울의 재확언입니다. 그리고 특별히 이 부분은 바울이 친필로 작성했습니다.

1. 거짓 교사들의 의도

> 11 내 손으로 너희에게 이렇게 큰 글자로 쓴 것을 보라
>
> 갈 6:11

바울이 서신을 보낼 때, 옆에서 바울의 메시지를 받아 적는 사람이 있었습니다. 로마서 같은 경우에는 더디오가 필사했습니다.

"이 편지를 기록하는 나 더디오도 주 안에서 너희에게 문안하노라" 롬 16:22

바울의 시력이 좋지 않았기 때문에 바울의 메시지를 다른 사람이 대신 받아 적은 것이었습니다. 그런데 갈라디아 교인들에게 보내는 서신 마지막에는 바울 자신이 큰 글자로 직접 써서 강조

하는 내용을 전달했습니다.

> 12 무릇 육체의 모양을 내려 하는 자들이 억지로 너희에게 할례를 받게 함은 그들이 그리스도의 십자가로 말미암아 박해를 면하려 함뿐이라 갈 6:12

'육체의 모양을 내려 하는 자들'은 율법주의자와 거짓 교사들을 말합니다. 그들은 계속해서 갈라디아 교인들에게 할례 받을 것을 종용했습니다. 바울은 그들이 갈라디아 교인들에게 할례를 받도록 강요한 이유가 그리스도의 십자가로 인한 박해가 두려웠기 때문이라고 말했습니다.

갈라디아 교회에 침투한 거짓 교사들은 유대주의자들의 박해가 두려워서 이신칭의의 복음을 버리고 유대주의자들의 주장을 따른 자들이었습니다. 그런데 거짓 교사들의 가르침이 더욱 심각한 문제였던 것은, 할례를 완전한 구원의 조건으로 주장했던 그들 자신이 정작 율법을 제대로 지키지 않았다는 것입니다.

> 13 할례를 받은 그들이라도 스스로 율법은 지키지 아니하고 너희에게 할례를 받게 하려 하는 것은 그들이 너희의 육체로 자랑하려 함이라 갈 6:13

거짓 교사들의 관심은 율법을 지키는 데 있지 않았습니다. 그들은 자신들의 가르침대로 갈라디아 교인들 가운데 할례를 받은 사람들의 숫자가 늘어나는 것을 자랑하고 싶어 했습니다.

그들은 자신들이 믿는 것을 진심으로 믿지 않았고, 하나님 앞에서 그들의 신앙을 돌아보지도 않았습니다. 단지 사람들에게 자신들의 영향력을 확대하고, 인본주의적인 성과를 올리는 것에서 만족을 찾고자 했습니다.

이 모든 일 가운데 가장 중요하게 생각해야 할 것은 모든 판단은 주님께서 하신다는 것입니다. 따라서 우리는 나 자신의 어떤 것도 자랑할 것이 없습니다. 만일 우리에게 자랑할 것이 있다면 우리에게 구원, 치유, 축복, 천국의 은혜를 가져다준 예수 그리스도의 십자가뿐입니다.

2. 사도 바울의 십자가 자랑

14 그러나 내게는 우리 주 예수 그리스도의 십자가 외에 결코 자랑할 것이 없으니 그리스도로 말미암아 세상이 나를 대하여 십자가에 못 박히고 내가 또한 세상을 대하여 그러하니라 갈 6:14

바울의 자랑할 것은 오직 한 가지, 예수 그리스도의 십자가였습니다. '결코 … 없다'라는 표현은 바울의 서신에서 총 14번 사용되었습니다. 이것은 바울만의 독특한 표현이라고 할 수 있습니다.

14절에서 이러한 표현을 사용함으로써 바울은 예수 그리스도의 십자가만이 유일한 자랑거리가 될 수 있다는 것을 말했습니다. 바울과 같이 십자가만이 우리의 자랑, 우리의 전부가 되어야 하고, 일평생 십자가 중심의 삶을 살기로 결단해야 합니다.

존 스토트 목사님은 다음과 같이 말했습니다.

> "우리는 절대로 우리 자신과 십자가를 동시에 자랑할 수 없다. 만일 우리가 자기 자신이나 자기 구원의 능력을 자신한다면, 십자가에 못 박히신 그리스도의 능력을 자랑하지 않게 될 것이다. 우리는 양자 중 택일해야 한다. 만일 우리가 자신을 지옥에 가야 마땅한 죄인으로 여겨 스스로 겸비한다면, 당장에 자기 자랑을 내던져버리고 십자가 앞으로 날려나가 여생을 십자가를 자랑하는 데 헌신해야 할 것이다. 결론적으로 우리는 세상과 짝하던 관계를 청산했다. 서로가 서로에 대하여 십자가에 못 박혔다. 세상은 나에 대하여,

나는 세상에 대하여 십자가에 못 박혔다!"

"내가 너희 중에서 예수 그리스도와 그가 십자가에 못 박히신 것 외에는 아무 것도 알지 아니하기로 작정하였음이라" 고전 2:2

예수 그리스도의 십자가가 우리의 자랑이 된다는 것은 예수 그리스도께서 우리 죄를 대신해 십자가에서 못 박혀 죽으심으로 말미암아 불신의 세상과 예수 믿는 우리가 어떤 영향도 주고받을 수 없는 관계가 되었다는 것을 의미합니다.

"친히 나무에 달려 그 몸으로 우리 죄를 담당하셨으니 이는 우리로 죄에 대하여 죽고 의에 대하여 살게 하려 하심이라" 벧전 2:24a

불신의 세상에서 죄의 종노릇하던 우리가 예수 그리스도와 함께 십자가에 못 박혀 죽었습니다.

"우리가 알거니와 우리의 옛 사람이 예수와 함께 십자가에 못 박힌 것은 죄의 몸이 죽어 다시는 우리가 죄에게 종 노릇 하지 아니하려 함이니 이는 죽은 자가 죄에서 벗어나 의롭다 하심을 얻었음이라" 롬 6:6-7

그래서 우리는 더 이상 죄의 유혹에 무기력하게 넘어지는 육신을 입고 사는 것이 아니라 예수 그리스도와 함께 믿음 안에서 사는 것입니다.

"내가 그리스도와 함께 십자가에 못 박혔나니 그런즉 이제는 내가 사는 것이 아니요 오직 내 안에 그리스도께서 사시는 것이라 이제 내가 육체 가운데 사는 것은 나를 사랑하사 나를 위하여 자기 자신을 버리신 하나님의 아들을 믿는 믿음 안에서 사는 것이라" 갈 2:20

우리는 예수 그리스도의 십자가를 통해 완전히 새롭게 되었습니다. 우리가 새롭게 된 것은 거짓 교사들이 주장하는 것처럼 할례를 받는 것이나 율법 준수와 같은 사람의 의지나 노력으로 된 것이 아닙니다. 오직 예수 그리스도의 십자가를 통해서만 우리는 새롭게 지음받은 피조물이 될 수 있습니다.

따라서 할례나 무할례는 이와 아무런 상관이 없습니다. 예수 그리스도의 십자가를 통해 새롭게 되었다는 사실만이 중요합니다.

15 할례나 무할례가 아무 것도 아니로되 오직 새로 지으심을 받는 것만이 중요하니라 갈 6:15

우리는 예수 그리스도의 십자가 공로를 믿음으로 예수님 안에서 새로운 피조물이 되었습니다.

"그런즉 누구든지 그리스도 안에 있으면 새로운 피조물이라 이전 것은 지나갔으니 보라 새 것이 되었도다" 고후 5:17

우리가 일생을 살아가는 동안 경험할 수 있는 가장 큰 축복은 예수님을 믿고 하나님의 자녀가 되는 것입니다. 죄의 노예로 살던 우리가 주님의 보혈의 공로를 힘입어 하나님의 자녀로 거듭나는 것 외에 더 큰 축복은 없습니다.

그러므로 우리는 새롭게 지음받은 사람의 모습으로, 하나님의 자녀다운 모습으로 살아가야 합니다. 하나님의 자녀다운 모습이란, 바울이 앞서 말했던 사랑을 실천하는 믿음의 사람이 되는 것입니다. 그리스도인의 삶은 십자가 보혈의 공로를 믿음으로 말미암아 의롭게 되는 삶, 그리고 사랑의 실천으로 말미암아 우리의 의로움을 세상에 드러내는 삶입니다.

16 무릇 이 규례를 행하는 자에게와 하나님의 이스라엘에게 평강과 긍휼이 있을지어다 갈 6:16

바울은 '이 규례를 행하는 자'와 '하나님의 이스라엘'에게 평강과 긍휼을 선포했습니다.

여기서 '규례'는 율법이 아니라 그리스도의 십자가를 믿는 믿음을 의미합니다. 그리고 '행하는'을 지칭하는 헬라어 원어는 갈라디아서 5장 25절에도 등장하는데, 이는 바울이 앞서 언급한 성령으로 '행하는' 것과 연관되어있습니다.

"만일 우리가 성령으로 살면 또한 성령으로 행할지니" 갈 5:25

이처럼 '이 규례를 행하는 자'란, 예수 그리스도를 믿는 믿음을 가지고 성령의 능력을 힘입어 사는 사람을 말합니다.

또한 '하나님의 이스라엘'이란, 몸에 할례를 받고 율법을 지키는 혈통적인 유대인을 말하는 것이 아니라 예수 그리스도를 믿고 의롭다 함을 받아 하나님의 새 백성이 된 모든 그리스도인을 뜻합니다. 즉, 믿음으로 말미암아 의롭게 되어 하나님의 자녀로서 인정받은 자들을 말합니다.

따라서 바울은 '믿음의 사람, 성령의 사람'으로 살아가는 '참된 이스라엘 백성인 그리스도인들'에게 하나님의 평강과 긍휼을 선포한 것이었습니다. 이는 갈라디아 교인들이 기억하고 회복해야 할 그들의 신분에 대해 짚어준 것이었습니다.

바울이 선포한 것과 같이 우리는 믿음의 사람, 성령의 사람입니다. 그리고 아브라함의 복을 받은 참된 이스라엘 백성입니다. 우리는 하나님의 소유이며, 하나님의 인도와 보호를 받는 축복의 사람입니다.

3. 예수의 흔적

바울은 편지를 마무리하면서, 거짓 교사들이 갈라디아 교인들에게 자신에 대한 비방을 늘어놓은 것에 대해 한마디로 변호했습니다.

> 17 이 후로는 누구든지 나를 괴롭게 하지 말라 내가 내 몸에 예수의 흔적을 지니고 있노라 갈 6:17

바울은 갈라디아 교회에 침투한 거짓 교사들의 비방이 그를 괴롭게 했다고 말했습니다. 거짓 교사들은 갈라디아 교인들로 하여금 바울의 사도성을 의심하게 만들었고, 바울이 전했던 복음을 값싼 은혜로 폄하했습니다. 심지어 바울이 자신들과 같이 할례를 구원의 조건으로 생각하고 있다고 사실을 왜곡하기까지 했습니다(갈 5:11).

사실 바울은 갈라디아 교회에서뿐만 아니라 그의 선교사역 내내 많은 박해와 고난을 당했습니다. 바울은 복음으로 인해 단지 심리적인 압박 정도가 아니라 실제적인 육신의 고난을 누구보다 많이 당했습니다.

"그들이 그리스도의 일꾼이냐 정신 없는 말을 하거니와 나는 더욱 그러하도다 내가 수고를 넘치도록 하고 옥에 갇히기도 더 많이 하고 매도 수없이 맞고 여러 번 죽을 뻔하였으니 유대인들에게 사십에서 하나 감한 매를 다섯 번 맞았으며 세 번 태장으로 맞고 한 번 돌로 맞고 세 번 파선하고 일 주야를 깊은 바다에서 지냈으며 여러 번 여행하면서 강의 위험과 강도의 위험과 동족의 위험과 이방인의 위험과 시내의 위험과 광야의 위험과 바다의 위험과 거짓 형제 중의 위험을 당하고 또 수고하며 애쓰고 여러 번 자지 못하고 주리며 목마르고 여러 번 굶고 춥고 헐벗었노라" 고후 11:23-27

바울은 자신이 당했던 고난을 '예수의 흔적'이라고 말했습니다. 여기서 흔적을 의미하는 헬라어 원어(스티그마)는 당시 노예의 소유권을 표시하기 위해 노예의 몸에 찍었던 낙인을 지칭합니다. 즉, 바울이 예수 그리스도와 복음으로 인해 고난을 당한 것은 그가 주님의 소유요, 주님의 일꾼이라는 증거였습니다.

따라서 거짓 교사들의 꼬임에 넘어가 영적 지도자인 바울을 곤경에 처하게 만들었던 것은 그를 사용하셨던 주님을 핍박하는 것이기도 했습니다. 그래서 바울은 자기를 더 이상 괴롭게 하지 말라고 당당히 말할 수 있었던 것입니다.

현재 이란 교회에는 핍박에도 불구하고 놀라운 부흥이 일어나고 있습니다. 이는 고(故) 하이크 호세피안 목사님의 순교의 열매입니다. 최근 목사님의 아들 조셉 호세피안 선교사가 내한해 이를 상세하게 증언했습니다.

하이크 호세피안 목사님은 1980년 이란 최초의 하나님의성회 교회의 목회자가 됐던 분입니다. 당시 이란은 모든 선교사를 추방했고, 지하교회를 폐쇄하며 기독교를 핍박했습니다. 하지만 하이크 목사님은 투옥과 생명의 위협에도 믿음을 양보하지 않고 꿋꿋하게 사역을 이어나갔습니다. 특별히 기독교로 개종한 무슬림의 석방을 돕기 위해 전 세계에 도움을 요청했습니다.

수많은 핍박 속에서 사역을 하던 중 결국 1994년 목사님이 납치되었고, 행방불명된 지 12일 만에 27차례나 흉기에 찔려 처참하게 훼손된 시신으로 발견되었습니다. 당시 19세로 군 복무 중이던 아들 조셉 호세피안 선교사는 아버지를 죽인 무슬림을 증오

했습니다. 그러다 그들을 용서하게 되었는데, 당시를 다음과 같이 고백했습니다.

"우연히 한 교회에서 '원수를 사랑하라'는 말씀을 듣고 뺨을 맞은듯한 충격을 받았어요. 설교자는 용서할 수 있는 열쇠는 순종에 달려있다고 했어요. 저는 하나님의 음성이라 생각하고 아버지의 원수를 용서했습니다."

이후 호세피안 선교사는 군 생활에서 자신을 괴롭혔던 이슬람주의자도 용서했습니다. 그러자 제대 후 가해자는 울면서 용서를 빌었고, 호세피안 선교사의 전도를 받고 예수를 영접하고 지금은 동역자가 되었습니다.

또한 호세피안 선교사는 아버지의 순교를 씨앗 삼아 많은 복음의 열매를 맺고 싶다고 결심하고, '호세피안 선교회'를 설립했습니다. 그리고 아버지의 순교를 토대로 다큐멘터리 'A Cry From Iran(이란에서 들려오는 외침)'을 제작해 미국에 널리 배급했고, 이란에서도 비밀리에 방송했습니다.

이를 통해 이란에 놀라운 부흥이 일어났는데, 호세피안 선교사는 다음과 같이 증언했습니다.

"아버지의 순교 이야기는 위성 TV를 통해 많은 이란인에게 전파됐고, 지난 20여 년간 이란의 기독교인 수는 2천여 명에서 약 20만 명으로 증가했습니다. 이란의 부흥은 지난 50년 동안 일어났으며 핍박은 더 큰 교회 성장을 가져왔습니다. 이란 교회의 부흥은 순교의 씨를 뿌렸기 때문입니다. 사실 핍박을 당하면 끝난 것으로 생각하지만, 이는 더 큰 교회 성장을 가지고 옵니다. 이란 정부가 많은 지하교회를 폐쇄했지만 또 다른 많은 지하교회가 시작됐고, 한 사람을 죽이면 수천 명이 일어났습니다!"

바울은 갈라디아 교인들에게 마지막 인사를 전하며 서신을 끝맺었습니다.

> 18 형제들아 우리 주 예수 그리스도의 은혜가 너희 심령에 있을지어다 아멘 갈 6:18

이 구절은 통상적인 인사말로 보일 수 있으나 다른 서신서의 맺음말과는 다른, 눈에 띄는 점이 있습니다. 그것은 바울이 편지를 마무리하며 직접 '형제들아'라고 쓰면서 갈라디아 교인들의 심령에 예수 그리스도의 은혜가 있기를 축복한 것이었습니다.

이것이 바로 참목자의 마음입니다. 자신에게 어떠한 아픔과 상처를 주었다 할지라도, 심지어 손가락질을 하고 등을 돌리고 외면한다고 할지라도 자신의 양들을 향해 '형제들아'라고 말하며 축복하는 것이 참목자의 마음입니다. 이것은 영적 스승을 넘어 영적 아버지의 마음이라고 할 수 있습니다.

사랑하는 성도 여러분, 사도 바울이 갈라디아서를 통해 갈라디아 교인들에게 전하고 싶었던 메시지는 그리스도인은 오직 믿음으로 구원을 받는다는 것과 그리스도인은 성령의 인도를 받는 삶을 살아야 한다는 것입니다. 이 메시지는 오늘날 우리에게도 동일하게 선포된 메시지입니다. 우리에게 다른 복음은 없습니다. 세상의 어떤 거짓 가르침에도 넘어가선 안 됩니다. 우리는 오직 믿음으로, 성령의 능력을 힘입어, 사랑의 실천이 있는 신실한 그리스도인으로 살아가야 합니다. 이것이 우리 그리스도인의 사명이며, 우리를 위해 십자가에 못 박혀 죽으신 예수 그리스도의 사랑과 희생에 응답하는 삶입니다.

오직 그리스도께서
사시는 것이라